佛名の称持

観無量寿経講読 XXIII

円日成道著

群萌学舎
永田文昌堂

表紙・カット　折口浩三

巻頭言

先生の詩と俳句

秋の空

秋空の澄んだ美しさが
あまりにもまばゆくて
好きになれない日もありました
このごろやっとその美しさが
私の心にもとどきます
空に向って「オーイ」と呼んでみました
昔はとても言えなかったのに
言えた自分におどろいています
たったこれだけのことに
五十年もかかるなんて
おわびのしようもなくて
今日も澄んだ秋空を見ています

先生は四十代の終わりごろ本屋でみつけた小冊子「如来の教団」（信国淳著）に精神を揺さぶられ、大谷専修学院に入学されています。心啓かれた喜びにあふれています。

『講読』には随所に先生の詩や俳句が出てまいります。お経の言葉が、心の喜びが、先生の信仰体験を通して滲み出てきたものでありましょう。むずかしい理屈ではなく温もりのある「ことば」となって私たちに伝わって来るのでした。

二〇〇九（平成二十一）年夏

死に頃か　汗もかかずに　足冷えて

最近の傑作だと云って送って下さった句。

死に頃と　言いつつ生きよ　万年青《オモト》の実

と返しました。すると、「まいったなあ　一言もありません」と。

後《ノチ》の月　追うや如来に　追われいて

との返句がありました。ご往生二年前のことでした。先生の最晩年、私は俳句を通して密接なふれあいをさせていただくことができました。週五句葉書に書いて送ります。気に入られた時には返事の俳句がまいります。返句の筆が乱れるようになりましたのは、

二〇一〇（平成二十二）年一月

雪雲の　奥に響きの　あるごとし

が最後の句となりました。雪雲の彼方より佛さまの声が聞こえたにちがいありません。

郡萌学舎第一回学習は、一九九一（平成三）年、吉舎・妙覚寺で開かれました。私はまだ勤めの身、教区に出るようになってわずか、知友も少なく、大勢の参加者の中で小さくなっておりました。まだ真宗の教えもあまり知らず、聞くこと皆、新鮮な響きをもっておりました。「住立空中」「去此不遠」「立撮即行」、みなそうです。

以来三十余年、二十三巻が完結の日の目を見ることができました。感慨無量です。私にとりましては、全巻私の仏教辞典の役も果たしてくれています。（どこにあったのか探すのが大変ですが）

最後に先生の「ことば」をもって先生を偲ぶことにします。

ふるき我　崩れさる音　Ⅶ
南無阿弥陀仏　Ⅷ
新しき己　生まれいづる声　XIX
南無阿弥陀仏

『群萌学舎』世話人代表　季平恵海

目次

第二講

第三講

説是語時。韋提希。與五百侍女。聞佛所説。應時即見。極樂世界。廣長之相。得見佛身。及二菩薩。心生歡喜。歎未曾有。廓然大悟。得無生忍。五百侍女。發阿耨多羅。三藐三菩提心。願生彼國。世尊悉記。皆當往生。生彼國已。得諸佛現前三昧。

【得益分】是《こ》の語《ご》を説《と》きたまふの時《とき》、韋提《いだい》希《け》五百《ごひゃく》の侍女《じにょ》と佛《ぶつ》の所説《しょせつ》を聞《き》き、時《とき》に応《おう》じて即《すなは》ち極楽世界《ごくらくせかい》広長《こうじょう》の相《そう》を見《み》たてまつる。佛身及《ぶっしんおよ》び二菩薩《にぼさつ》を見《み》ることを得《え》て、心《こころ》歓喜《くあんぎ》を生《しょう》じ未曾有《みぞう》と歎《たん》じ廓然《かくねん》として大悟《だいご》し無生忍《むしょうにん》を得《え》たり。五百《ごひゃく》の侍女《じにょ》、阿耨多羅三藐三菩提心《あのくたらさんみゃくさんぼだいしん》を発《おこ》し「彼《か》の国《くに》に生《しょう》ぜん」と願《がん》ず。世尊《せそん》悉《ことごと》く記《き》したまはく、「皆当《みなまさ》に往生《おうじょう》すべし、彼《か》の国《くに》に生《しょう》じ已《おわ》りて諸佛現前三昧《しょぶつげんぜんざんまい》を無量諸天。發無上道心。

得《え》ん」と。無量《むりょう》の諸天《しょてん》、無上道心《むじょうどうしん》を発《おこ》せり。

爾時阿難。即従座起。前白佛言世尊。當何名此経。此法之要當云何受持。佛告阿難。此経名観。極楽国土。無量寿佛。観世音菩薩。大勢至菩薩亦名浄除業障。生諸仏前。汝當受持。無令忘失。行此三昧者。現身得見。無量寿佛。及二大士。若

【流通分】爾時《そのとき》、阿難《あなん》、即《すなは》ち座《ざ》より起《た》ち前《すす》んで佛《ぶつ》に白《まお》して言《まお》さく、「世尊《せそん》、当《まさ》に何《いか》んが此《こ》の経《きょう》を名《なづ》くべき、此《こ》の法《ほう》の要当《ようまさ》に云何《いかん》が受持《じゅじ》すべき。」佛《ぶつ》、阿難《あなん》に告《つ》げたまはく、「此《こ》の経《きょう》をば『観極楽国土《かんごくらくこくど》・無量《むりょう》寿佛《じゅぶつ》・観世音菩薩《かんぜおんぼさつ》・大勢至菩薩《だいせいしぼさつ》』と名《なづ》け、亦《また》『浄除業障 生諸佛前《じょうじょごっしょうしょうしょぶつぜん》』と名《なづ》く。汝《なんぢ》当《まさ》に受持《じゅじ》し忘失《ぼうしつ》せしむること無《な》かるべし、此《こ》の三昧《さんまい》を行《ぎょう》ずる者《もの》は、現身《げんしん》に無量寿《むりょうじゅ》佛《ぶつ》及び二大士《にだいじ》を見《み》ることを得《う》。若《も》し善男《ぜんなん》

善男子。善女人。但聞佛名。二菩薩名。除無量劫。生死之罪。何況憶念。若念佛者。當知此人。是人中。分陀利華。観世音菩薩。大勢至菩薩。為其勝友。當坐道場。生諸佛家。佛告阿難。汝好持是語。持是語者。即是持無量寿佛名。佛説此語時。尊者目犍連。阿難及韋提希等。聞佛所説。皆大歡

子《し》・善女人《ぜんにょにん》、但《ただ》佛名《ぶつみょう》・二菩薩名《にぼさつみょう》を聞《き》くすら無量劫生死《むりょうこうしょうじ》の罪《つみ》を除《のぞ》かん、何《いか》に況《いは》んや憶念《おくねん》せんをや。若《も》し念佛《ねんぶつ》する者《もの》は当《まさ》に知《し》るべし、此《こ》の人《ひと》は是《こ》れ人中《にんちゅう》の分陀利《ふんだり》華《け》なり。観世音菩薩《かんぜおんぼさつ》・大勢至菩薩《だいせいしぼさつ》、其《そ》の勝友《しょうう》と為《な》りたまふ、当《まさ》に道場《どうじょう》に坐《ざ》し、諸佛《しょぶつ》の家《いえ》に生《しょう》ずべし」佛《ぶつ》、阿難《あなん》に告《つ》げたまはく、「汝《なんぢ》好《よ》くこの語《ご》を持《たも》て、この語《ご》を持《たも》てとは即《すなは》ち是《こ》れ無量寿佛《むりょうじゅぶつ》の名《みな》を持《たも》てとなり。」佛《ぶつ》、此《こ》の語《ご》を説《と》きたまふ時《とき》、尊者目犍連《そんじゃもくけんれん》・阿難《あなん》及《およ》び韋提希《いだいけ》等《ら》、佛《ぶつ》の所《しょ》説《せつ》を聞《き》きて皆大《みなおおい》に歓喜《かんぎ》す。

喜。

爾時世尊。足歩虚空。還
耆闍崛山。爾時阿難。広
為大衆。説如上事。無量
諸天。及龍夜叉。聞佛所
説。皆大歓喜。礼佛而退。

佛説観無量寿経

【耆闍分】爾時《そのとき》世尊《せそん》足《あし》虚空《こく》を歩《ぶ》し、耆闍崛《ぎしゃくっ》山《せん》に還《かえ》りたまふ。爾時《そのとき》阿難《あなん》、広《ひろ》く大衆《たいしゅ》の為《ため》に如上《にょじょう》の事《こと》を説《と》くに、無量《むりょう》の諸天《しょてん》及《およ》び龍《りゅう》・夜叉《やしゃ》、佛《ぶつ》の所説《しょせつ》を聞《き》きて皆大《みなおおい》に歓喜《かんぎ》し、佛《ぶつ》を礼《らい》して退《しりぞ》きぬ。

佛説観無量寿経《ぶっせつかんむりょうじゅきょう》

第一講

はじめに

お早うございます。

一九九一年十月から始めましたこの群萌学舎の観無量寿経の学習会は、前回で二十二回を数え、ようやく正宗分である定善・散善の二観を終えることができました。

善導さまは、この正宗分を終るにあたりまして「前《さき》には十三観《がん》を明《あ》かしてもって〝定善《じょうぜん》〟となす。すなはちこれ韋提《いだい》の致請《ちしょう》にして、如来《にょらい》（釈尊）すでに答《こた》へたまふ。後《のち》には三福《ぷく》（世福・戒福・行福）・九品《ぼん》を明《あ》かして、名《な》づけて〝散善《さんぜん》〟となす。これ佛《ぶつ》（釈尊）の自説《じせつ》なり。定散両門《じょうさんりょうもん》ありて異《こと》なることありといへども、総《そう》じて正宗分《しょうしゅうぶん》を解《げ》しをはりぬ（七祖篇四九七頁）」と結んであります。

このことは何度も触れましたように、定善の一門はあくまでも韋提希夫人の請求に答えられたものであり、散善の一門はあくまでも釈尊ご自身が自ら説かれた教えであることを再確認されたものであります。

つまり人間は一人々々それぞれちがった宿業を背負いつつ生死してゆく存在ですから、一人として同じ宿業を行じてきたものはいない、つまり千差万別であります。しかしながら、それぞれ違う宿業に生きるものも、佛法に自分の生死する道をたずねるときは、定善の門と散善の門の機以外にはないのです。それ故に佛陀は致請《ちしょう》した韋提希の定善の門に答えるとともに散善の門を自ら開いて全人類の宗教的要求に答えられたのであります。さきに定善門の第七・華座観のところで、佛陀釈尊が苦悩する韋提希にむかって『「あきらかに聴《き》け、あきらかに聴《き》け、よくこれを思念《しねん》せよ。佛《ぶつ》（釈尊）、まさに汝《なんぢ》がために苦悩《くのう》を除《のぞ》く法《ほう》を分別《ふんべつ》し解説《げせつ》すべし。汝《なんぢ》ら憶持《おくじ》して広《ひろ》く大衆《だいしゅ》のために分別《ふんべつ》し解説《げせつ》すべし」と。この語《ご》を説《と》きたまふ時《とき》、無量寿佛《むりょうじゅぶつ》、空中《くうちゅう》に住立《じゅうりゅう》したまふ。観世音《かんぜおん》・大勢至《だいせいし》、この二大士《だいし》は左右《さう》に侍立《じりゅう》せり（略）ときに韋提希《いだいけ》、無量寿佛《むりょうじゅぶつ》を見《み》たてまつりをはりて、接足《せっそく》

作礼《さらい》して佛《ぶつ》にまうしてまうさく、「世尊《せそん》、われいま佛力《ぶつりき》によるがゆゑに、無量寿《むりょうじゅ》佛《ぶつ》および二菩薩《ぼさつ》を観《み》たてまつることを得《え》たり。未来《みらい》の衆生《しゅじょう》まさにいかんしてか、無量寿佛《むりょうじゅぶつ》および二菩薩《ぼさつ》を観《み》たてまつるべき」と（註釈版九七～九八頁）』ありました。

この中の韋提希の願いは『**未来《みらい》の衆生《しゅじょう》まさにいかんしてか、無量寿佛《むりょうじゅぶつ》および二菩薩《ぼさつ》を観《み》たてまつるべき**』というものであったわけです。

しかしながら、ここで彼女が願っている『**未来の衆生**』のなかには彼女の息子である阿闍世の救済を願う心がひそんでいたことは否定できないのではないでしょうか。『**未来の衆生**』の安否を気づかう言葉は立派でありますが、その中味をさぐってゆけば「韋提希の致請」でもあります。阿闍世という自分の分身であるわが子が『**未来の衆生**』の中にひそんでいて当然であります。それではだめだと言っているのではありません。そんなことは、もはや佛陀釈尊は見ぬいた上での定善の説法だったのであります。

もちろん、もはやご存知の通り阿闍世は耆婆のすすめによって慚愧の心を生じ、佛陀釈尊の教えによって救われてゆくのは涅槃経に説かれるところです（註釈版二七四～二八七頁）。

だが、定善の教えが韋提希という凡夫の要請であるかぎりにおいて、またいずれかのときにか人生の苦悩は決して終るものではないと思います。なぜなら韋提希という人間、それも凡夫の致請によるからであります。人生は云わば事件の連続というか、事件そのものでありますから人生即事件と達観できればともかく、事件の中にあって夢ばかり追いかけてゆくこととなるのではないか。いつも例にあげますが、八木重吉の詩に『心よ』というのがあります。

ほのかにも　いろづいてゆく　こころ
われながら　あいらしいこころよ
ながれ　ゆくものよ
さあ　それならば　ゆくがいい

「役たたぬもの」にあくがれて　はてしなく
まぼろしを　追うて　かぎりなく
こころときめいて　かけりゆけよ

この『心よ』という詩では、夢を追う心でしょうか、彼はキリスト教に心を寄せながらも、その信仰から出たり入ったりする心の動揺があったのでありましょう。本当に信仰を求めるものにとって、その動揺は避けられぬものであります。親鸞さまも「信順を因とし、疑謗を縁として信楽（信心）を（如来の本）願力に彰わし…」と申されました。信仰も激しく動揺するもの、真の信仰とは自分の所に「役に立つもの」を引き寄せるのではなく、「役に立たぬもの」にあこがれて行くものでありましょう。「心ときめいて、馳せてゆく」ものでありましょう。

なんとわたしたちの心は悲しいものでしょうか。一件落着したら万事が済むものではないでしょう。また事件が待っているのですから。夢にあくがれ、はてしないのが人生なのでしょう。下・下品の称名念佛こそ、その連綿とつづく事件の連鎖をたちきるものではないでしょうか。そこはまた流通分で学びます。

前回も引用しましたが、親鸞さまは「ここをもって立相住心《りっそうじゅうしん》なほ成《じょう》じがたきがゆゑに、（善導大師のいわく）〝たとひ千年《せんねん》の寿《じゅ》を尽《つく》すとも、法眼《ほうげん》いまだかつて開《ひら》けず（定善義）〟といへり。いかにいはんや無相離念《むそうりねん》まことに獲《え》がたし。ゆゑに（善導大師のいわく）、〝如来《にょらい》はるかに末代罪濁《まつだいざいじょく》の凡夫《ぼんぶ》を知《し》ろしめして、相《そう》を立《た》て心《しん》を住《じゅう》すとも、なほ得《う》ることあたはじと。いかにいはんや、相《そう》を離《はな》れて事《じ》を求《もと》めば、術通《じゅつつう》なき人《ひと》の空《くう》に居《い》て舎《しゃ》を立《た》てんがごときなり（七祖四三三頁）〟（註釈版三九三～三九四頁）」と善導さまのことばを引用しながら「教行信記」の化巻本に申されているのです。

定善は、韋提希の要望によって説かれたものでありますが、散善は人間の要求があって説かれたものではないのであって、佛陀釈尊が、自ら説かれたものであります。つまり佛陀釈尊の自開の教えであります。

ここに正宗分は、大きく分けて定善と散善の定散二善の教門とはいいましても、そこには、大きな違いがあるのです。その違いとは重ねて申しますと、人間・韋提希の致請したのが定善の教門であり、散善の教門は人間の要請によるものではなくて、あくまでも佛陀釈尊自開の教門である、このように領解したところに善導さまの功績があるのです。

教えを転ずる

また八木重吉の詩に、おなじく『心よ』と題する詩があります。それは、もはや今までに何回か紹介したものです。

『心　よ』

こころよ
では　いっておいで
しかし
また　もどっておいでね
やっぱり
ここがいいのだに

こころよ
では　行っておいで

という詩です。これは自分の心をうたったのでしょうか、それともやはり病身だった若い妻・島田とみ子に思いをよせたうただったのでしょうか。本当の自分は「ここ」にしか居ないのですよね。でも心は病床から離れてフラフラと、さまよいでるのです。

暁烏敏《あけがらすはや》はいっています。

「我れが我であることが唯一の救済である」と。しかし、それが仲々むつかしい、心は我れからいつも出ていって、出ていっている心を我れと思いこんでいる、だから彼はいうのです。「しかし／またもどっておいでね／やっぱり／ここがいいのだに」と。

このような詩を読んでいますと、人間とは生涯夢を見つづける存在だなと思わずにおれません。幻滅しても大地に投げだされても、反復かぎりなく死ぬまで夢を求めてゆく、まさに「空に居て舎屋を立てるがごと」く、壊れても壊れても夢を見つづけて行くのが、人間としての宗教的要求の限界なのではないか、その夢を覚醒させてゆくものが定善十三観の教門ではないかと思います。散善は「佛の自開」だといわれるのは、下品上生に至って『**智者**《ちしゃ》（善知識）**また教**《おし》**へて、合**《がっ》**掌**《しょう》**・叉手**《しゃしゅ》**して南無阿弥陀佛**《なもあみだぶつ》**と称**《しょう》**せしむ**（聖典一一三頁）』で、はじめて称名が出てくるのですが、この経文の『**また＝復**』を善導さまは「智者教を転じて、弥陀の号《みな》を称念せしむることを明かす」と読んでおられます（七祖四八九頁）。この「教えを転じて」という善導さまの釈文は下・下品（七祖四九五頁）にも出てくる文言です。もはや学んだところですが再確認したいところですね。

今までの観無量寿経の経説を、みごとにひっくりかえす善導さまの己証であります。正確に申せば正宗分の第一観から第十五観までの教えを転じての己証です。

そして、得益分・流通分そして耆闍分へと進むのですが、特に流通分において佛陀釈尊が阿難に対して『**汝**《なんぢ》**、よくこの語**《ご》**を持**《たも》**て。この語**《ご》**を持**《たも》**てといふは、即**《すなは》**ちこれ無量寿佛**《むりょうじゅぶつ》**の名**《みな》**を持**《たも》**てとなり**（註釈版一一七頁）』と申される佛言につながってゆくのです。

このように観経という経典には、経文の上に顕われている言葉と、その裏に隠されていて彰わそうとなさっている佛意という二重の構造をもっている経典です。つまり親鸞さまが申されるように「観経に顕彰隠密《けんしょうおんみつ》の義《ぎ》あることを（註釈版三八三頁）」を知らねばならないところです。「『大経《だいきょう》』・『観経《かんぎょう》』、顕《けん》の義《ぎ》によれば異《い》なり、彰《しょう》の義《ぎ》によれば一《いち》なり、知《し》るべし（註釈版三八三頁）」とも申されているのです。つまり顕《あら》われている経文の上では、この二つの経典は異っているが彰わそうとしている意味から云えば、共に如来の本願（＝念佛・称名）が説かれているのであって違いはないのだと。

たしかに「定心修《じょうしんしゅう》しがたし、息慮凝心《そくりょぎょうしん》のゆゑに。散心行《さんしんぎょう》じがたし、廃悪修《はいあくしゅ》善《ぜん》のゆゑに（註釈版三九三頁）」であることは常没の凡愚であるわれらにとっては当然のことでありますけれども、親鸞さまは善導さまが科文なさった「定善示観縁」を使って「定善《じょうぜん》は観《かん》（＝信心）を示《しめ》す縁《えん》（註釈版三八八頁）」と読まれ、「散善顕行縁」をも「散善《さんぜん》は行《ぎょう》（＝念佛）を顕《あらわ》す縁《えん》（仝頁）」と読みぬかれています。普通、この二文は「定善の観を示す縁」「散善の行を顕わす縁」と読まれていたものです。

このように、観経という経典は、従来云われてきたように「経文に顕わされている文言と、その文言に隠されている意義」、つまり「顕文隠義」の二重構造を持っているのです。いや、そのように読みこまれたのが善導さまであり、法然さまであり、親鸞さまなのですね。

だから「大経は真実（如来浄土の因果）から方便（衆生往生の因果）の願」へと説かれる経典であり、観経は方便（定散二善）から真実（念佛・称名）の教をあらわした経典（註釈版三九二頁・取意）」なのであります。

得益分

さて、正宗分を終わりまして『得益分』へ進んでまいります。まず、経文を読みます。

『(一)この語《ご》を説《と》きたまふとき、(二)韋提希《いだいけ》、五百《ごひゃく》の侍女《じにょ》とともに佛《ぶつ》の所説《しょせつ》を聞《き》く。(三)時《とき》に応《おう》じて即《すなは》ち極楽世界《ごくらくせかい》の広長《こうじょう》の相《そう》を見《み》たてまつる。(四)佛身《ぶっしん》および二菩薩《にぼさつ》を見《み》たてまつることを得《え》て、心《しん》に歓喜《かんぎ》を生《しょう》じて未曾有《みぞう》なりと歎《たん》ず。廓然《かくねん》として大悟《だいご》して無生忍《むしょうにん》を得《え》たり。(五)五百《ごひゃく》の侍女《じにょ》、阿耨多羅三藐三菩提《あのくたらさんみゃくさんぼだい》心《しん》を発《おこ》して、かの国《くに》に生《しょう》ぜんと願《がん》ず。(六)世尊《せそん》、ことごとく「みなまさに往生《おうじょう》すべし。かの国《くに》に生《しょう》じをはりて、諸佛現前三昧《しょぶつげんぜんざんまい》を得《え》ん」と記《き》したまへり。(七)無量《むりょう》の諸天《しょてん》、無上道心《むじょうどうしん》を発《おこ》せり(註釈版一一六頁)』

これが得益分と善導さまが特設されたところです。普通ですと経典は序分と正宗分と流通分というように三分科されるのが道安以来の伝統的な科文法であるわけです。まあ、世間の書籍でも、序文(まえがき)と本論と後記(あとがき)というのが通例になっています。ですから、得益分は特別に独立させずに正宗分なり流通分のなかに入れていいのではないかということも言えるのではないか、それなのに善導さまは何故に今までの科文法を無視して得益分を独立させたのか、疑問がのこります。

これは、やはり善導さまの観経疏に聞いてみたいと思います。

まず経文の意訳をしておきましょう。

「(一) 世尊が、このようにお説きになさるとき、(二) 韋提希は、五百の侍女とともにその説法を聞き、(三) それによって、極楽世界の広大無辺の相を見たてまつり、(四) さらに、阿弥陀佛と観音・勢至の二菩薩を拝むことができて、心に深く喜び、これこそ今まで聞いたことのない尊い御説法であったと讃嘆し、心がからりと開けて無生法忍のさとりを得た。(五) そして五百の侍女もまたそれぞれこの上もないさとりを求める心を起して、かの極楽浄土に生れたいと願った。(六) そこで世尊は、これらに向かって、いずれもみな往生することができ、かの国に生れたならば、諸佛現前三昧を得るであろうと記別《あかし》を授けられた。(七)さらにまた、そこにおられた多くの諸天も、みな無上菩提を求める心を起したのである(聖典意訳・浄土三部経・四三~四四頁・西本願寺版)」文中の番号は善導さまの分類によっています。

なお『**諸佛現前三昧**《しょぶつげんぜんざんまい》』とは、諸佛をまのあたりに拝見することのできる境地を意味する言葉です。

善導さまは、まずこの得益分を七段に分けてあります。経文も意訳の文にもそれぞれ漢数字を入れておきました。

『時』の省略

まず、第一段の経文は『**この語**《ご》**を説**《と》**きたまふとき**、、』ですが、善導さまの解説は、「初めに『**説是語**《せつぜご》』といふは、まさしく総《そう》じて前《さき》の文《もん》を牒《てつ》して(示《さ》し出すこと)、後《のち》の得益《とくやく》の相《そう》を生《しょう》ずることを明《あ》す（七祖篇四九七頁）」となっています。経文の『**時＝とき**』が省略してあるのです。なぜ省略したのか。そこに善導さまの観無量寿経の全体を見渡しながら、人間・韋提希一人ではなく、『**五百《ごひゃく》の侍女《じにょ》**』も、また『**釈《しゃく》・梵《ぼん》・護世《ごせ》の諸天《しょてん》**（帝釈天・梵天・四天王）註釈版九〇頁』がたの宗教心の歩みをも視野に入れられていたから『**時**』を省略されたのでありましょうね。佛陀釈尊の説法は正宗分から始まっているのではない、つまり定散二善から始まっているのではないのです。説法は、もはや序分から始まっているのです。正確に云うと、厭苦縁のところで『**仏《ぶつ》、耆闍崛山《ぎしゃくっせん》より没《もつ》して王宮《おうぐ》に出《い》でたまふ**（註釈版九〇頁）』から始っている、すなわち、佛の没出から佛の教化は始まっているのです。

いま学んでいます得益分の最初の経言『**この語《ご》を説《と》きたまふ時《とき》**』の『**時**』を入れますと釈尊の説法がせまくなってしまうではないか。「散善顕行縁」の『**汝今《にょこん》知不《ちふ》**』の説法からに限定されてしまう、そのことを恐れての『**時**』の省略であったと考えます。

だから善導さまは『説是語時《せつぜごじ》』を、佛陀釈尊が王宮に姿をあらわされたときから、もはや佛の説法は始まっている、そのお姿も説法なのだと考えられたからこそ、「初めに〝是の語を説きたまふ〟といふは」と読まれ、「まさしく総じて前《さき》の文を牒《てつ》して」と解説される「前《さき》の文」とは厭苦縁までを含めての説法であったのであります。

このことについては、観経の冒頭の「証信序」を善導さまが解説されるところでも、明らかです。つまり『**如是我聞**』の四文字だけが、善導さまにとっては「証信序」でしたね。そして善導さまは『**如是**』を解説されて、この「二字はすなはち総じて教主（釈尊）を標す。能説の人《にん》なり（七祖三三六頁）」と申されたあと「また『**如是**』といふは、すなはち法を指す」といわれるのです。佛陀釈尊ご自身が「人」であるとともに「法」なのであります。人・法あわせて佛と申されるのですから、耆闍崛山から身を没されて王宮に出られたときから説法は始まっているのです。お姿がもはや法でもあるのです。厭苦縁のところでは、すでに韋提希は『**閉置深《へいちじん》**

宮《ぐ》』とあるように宮殿に深く閉じこめられ、そこから一歩も出ることは許されず『**愁憂憔悴**《しゅううしょうすい》』していた、憂いと悲しみに身も心もやつれはててしまっていました。あれほど愛していたわが子・阿闍世には裏切られたこと、食を断たれたわが夫ビンバシャラ王の安否も心配のもとでしたが、彼女自身の命も安全とはいえません。わが子から殺されるかも知れない不安ですね。厭苦縁には、彼女のまわりに『**五百の侍女**』が居たことは書かれていませんが、得益分には居たことになっていますから、彼女のまわりには、ただハレモノにさわるように、どうしていいか解らずに彼女を見つめていた侍女たちがいたのです。

そこに韋提希の懇望によって、佛陀釈尊は耆闍崛山の説法を中断されて、王舎城の韋提希の前に出ておいでになったのでした。

もはや、ここから釈尊の説法は始まったと云うべきであります。

さらに厭苦縁で、いまひとつ申し上げておかねばならないのは『**釈梵護世諸**《しゃくぼごせしょ》**天**《てん》**、在虚空中**《ざいこくちゅう》**、普雨天華**《ふうてんげ》**、持用供養**《じようくよう》』です。帝釈天や梵天や護世の四天王などの神々が虚空の中に飛翔しながら、天の華びらを雨のように降らせて供養しつつ釈尊の王舎城へのお出ましを聞きつけて、釈尊ご出世の本懐を聞かんとして待ちうけてあったということに注意をとどめておくべきでしょう。これについては、この得益分の最後にも耆闍分の最後にも出てまいりますので、記憶にとどめておいてください。

五百の侍女

次に第二段は『**韋提希**《いだいけ》**、五百**《ごひゃく》**の侍女**《じにょ》**と与**《とも》**に佛**《ぶつ》**の所説**《しょせつ》**を聞**《き》**く**』となっています。

善導さまは、「『**韋提**《いだい》』より以下《いげ》は正《まさ》しく能《よ》く法《ほう》を聞《き》く人《ひと》を明《あ》かす（七祖四九七頁）」と解説されています。

まあ、これはこれでよいとも考えますが、韋提希は佛陀釈尊に進んで教えを願った、つまり当機衆でありますから「能く法を聞く人」と云って当然でありますが、

『五百《ごひゃく》の侍女《じにょ》と与《とも》に』と言うことができるのかという疑問です。

善導さまが『五百の侍女』のみでなく、最後の『無量諸天《むりょうしょてん》および竜《りゅう》・夜叉《やしゃ》』までも含めて「能く法を聞く人」と押えきっているのには、人間は一人の例外もなく、すべて究極的には宗教（佛法）を求める存在であるという確信があるからであると思います。人間はすべて佛法的存在である、佛法に値《あ》う存在であるという確信があって始めて、このように言い切れる言葉です。「能く法を聞く人」となって、始めて人間は人間になるのだと申されているのではないでしょうか。人間には当面さまざまの関心というか欲求があります。私はそれらを権力・享楽・優越欲求と表現したことがありました。これは『口伝鈔』の勝他《しょうた》・利養《りよう》・名聞《みょうもん》（註釈版八八九頁）を現代の言葉にして表現したものです。分類すれば、ほかにも色々な言い方があると思いますが、それらの諸々の欲求の根底にあるのが宗教心であります。

清沢満之の言葉に、たびたび利用しますが「宗教、求むべし。宗教に求むべからず」という言葉があります。この言葉を私流に言いかえますなら「人間は一人の例外もなく、いや生命あるものはみな宗教を求めてやまぬ存在である。しかし宗教に何か（例えば勝他・利養・名聞等々）を求めてはならない」という言葉でしょう。まさに至言の他ありません。

しかしながら、人間がすべて宗教的存在であることは、人間が自分の力や努力によってそうであることに気付くのではないのです。それは真理の言葉によってであるのです。つまり真理をさとった方によって、人間ははじめて自分が宗教的存在であることが明らかになるのです。われらが宗教的存在であると自覚するのは、佛説といいますか、佛陀釈尊の説法を抜きにしてはあり得ないことを知るべきであります。

『五百の侍女』たちもそうでした。佛陀釈尊が耆闍崛

山からお姿をかくされ、王宮にあらわれたまいて以来、散善の下・下品が終るまで、ずっと佛陀釈尊のお姿と説法を聞いてきたのです。善導さまは「厭苦縁」のところで問答を設けて、問を出されているところがありました。

「問ひていはく、いかんぞ自《みづか》ら（瓔珞《ようらく》＝胸飾り）を絶《た》つや」と。どうして韋提希は自分から瓔珞を引き裂いたのか？と問うたのに答えて「夫人《ぶにん》はすなわちこれ貴《き》のなかの貴《き》、尊《そん》のなかの尊《そん》なり。身《み》の四威儀《いぎ》（行住坐臥）に多《おお》くの人供給《ひとくきゅう》し、着《き》たるところの衣服《えぶく》みな傍人《ぼうにん》（付《つ》き人《びと》）を使《つか》ふ。（七祖三七一頁）…」

　このように韋提希は幽閉されたとは云え、多くの付き人がいたのです。それが「得益分」のところでの『**五百人の侍女**』たちだったのです。でも侍女たちの関心はといえば五百人五百色だったでありましょう。けれども、以来下・下品までの佛陀釈尊のお姿と説法を聞くに至り、善導さまの解説にありますように「まさに能《よ》く法を聞く人」びととなったのであります。人間みな永劫以来の宿業を生きる存在でありますから機会があれば「能く聞法する人」になるのです。稟受《りんじゅ》の願心・

生後の欲求ですね。

だから『**五百の侍女**』たちは、はじめから「能く法を聞く人」ではなかったのです。そこのところを、もう少し経文に則して申しますと、「欣浄縁」で韋提希が、まず「苦悩の無いところに生れたい、私はこんな娑婆世界に居たくない（通請所求）。この世は三悪道が満ちあふれ、善くない者ばかり、私は未来に悪声・悪人を見聞したくない。いま私は佛陀にむかって懺悔しています。どうか佛日よ、清浄な世界を観せてください（通請去行）」と願いますね。

そうしますと佛陀釈尊は、眉間から光を放たれ、偏く十方無量の世界を照らし、その光はまた還って釈尊の頭上にとどまって金の台《うてな》となって、その中に十方世界の諸佛がたの清浄な国々が現われるという不思議な光景が現出したのです。いわゆる「光台現国」といわれるところですね。

見終った韋提希は、釈尊に見せてくださったことを感謝しつつ「私はいま極楽世界の阿弥陀佛のみもとに生れたい」と願います。前の「通請所求」に対して「別選所求」でした。そして当然、彼女は釈尊に「極楽浄土を思惟し正しく受けとる道を教えて下さい」と願ったのでした。善導さまは、「請求別行」と教えてくださっていますその彼女の真剣な問を『**五百の侍女**』は見ているのです。彼女たちは極端にいうなら他人《ひと》ごととして見ていた者もいたでしょう。しかし彼女らにも、それぞれが、のっぴきならぬ人生を歩いていることに気づきはじめ、韋提希の「請求別行」のまなざしに、次第々々と彼女等自身も自分の人生をかえりみれば、韋提希と境遇こそ違え、生・老・病・死の苦をかかえ愛憎違順する身においては同じであることにうなずくに至ったのであります。彼女らにも韋提希と同じく「能く法を聞」こうとする気持ちが出てくるに至ったのは至極当然のことであったと思います。

殊に韋提希の「請求別行」に佛陀釈尊が、にっこりと『**微笑**』され、自分の国の王様が阿那含《あなごん》（不還果《ふげんか》）のさとりを得られたことを知れば、彼女たちも韋提希と同様に「能く法を聞く人」になることを更に強く感ずる志を抱くようになったのは自然の成りゆきであったでありましょう。

そのような雰囲気の中で、佛陀釈尊は韋提希に申されたのです。

『**なんじ、いま知《し》れるやいなや。阿弥陀佛《あみだぶつ》、ここを去《さ》ること遠《とお》からず**（註釈版九一頁）』と。

このお言葉は韋提希はもちろんのこと、五百人の侍女たちにとっても「能く法を聞く人」となった決定的な佛言でした。

このようにして「散善顕行縁」「定善示観縁」を経て、正宗分に入ることになったのです。

別選所求

次の経文に移ります。善導さまが第三段と分けられたところです。経文は、

『**時《とき》に応《おう》じて即《すなは》ち極楽世界《ごくらくせかい》の広長《こうじょう》の相《そう》を見《み》たてまつる**（註釈版一一六頁）』と。

善導さまも、この第三段の解説を、

「『**応時即見極楽**《おうじそくけんごくらく》』より以下《いげ》は、まさしく夫人等上《ぶにんとう、かみ》の光台《こうだい》のなかにおいて極楽《ごくらく》の相《そう》を見《み》ることを明《あ》かす（七祖四九七頁）」とあります。

この解説で注意すべきは「夫人等」の「等」です。この「等」には『**五百人の侍女**』や『**釈・梵・護世の諸天**』も入っているのです。

善導さまは『**極楽世界の広長の相を見たてまつる**』というのは、あの欣浄縁で佛陀釈尊が眉間から光をだしたまいて、その光はあらゆる世界を照らして、還って佛の頭上に住《とど》まって金の台《うてな》となって、十方諸佛の国々が現われた、それを「光台現国」というのでした。

この「光台現国」については、この「観無寿経講読」の第五巻である『光台の現国』の一九一頁から最後の二四七頁あたりを読んでいただきますといいのですが、観経にはとても現実では想像もできない場面が、とっても大事なところだと考えられるところで出てまいりまして、善導さまはそのようなところにまいりますと特に重要なところだと強調なさるのです。
たとえば、耆闍崛山から王宮への没出のところ、そして今学んでいます光台現国のところ、正宗分に入りますと第七華座観の前半のところ、すなわち空中に阿弥陀佛が立ちたまうところなどです。そこでは佛陀釈尊の言葉がスーッと消えてしまいます。そして、そのようなところで善導さまは一所懸命に解説なさるのです。

まあ、光台現国については、この群萌学舎で発刊されている第五巻を読んでいただくことにしまして、そもそも教を説くということは、どういうことなのかを善導さまの言葉を引用して次へまいりたいと思います。
『七祖篇』の三〇二頁に次のような言葉がございます。佛説観無量寿経という経典の名のなかの「説」を解説されるところです。

「『説《せつ》』というは口音《くおん》に陳唱《ちんしょう》す。ゆゑに名《な》づけて説《せつ》となす。また如来《にょらい》、機《き》に対《たい》して法《ほう》を説《と》きたもうこと多種不同《たしゅふどう》なり。漸頓《ぜんとん》よろしきに随《したが》ひ、隠彰《おんしょう》異《こと》なることあり。あるいは六根通《こんつう》じて説《と》きたまふ。相好《そうごう》もまたしかなり。念《ねん》に応《おう》じ、縁《えん》に随《したが》いてみな証益《しょうやく》を蒙《こうむ》る」と。

一九六五年に出版されました『七祖聖教・中・(聖典意訳)』によりますと、「『説』というのは口で陳《の》べるから説という。また如来は、機類に対して法を説かれるのにいろいろ不同《ふどう》である。漸教《ぜんきょう》・頓教《とんきょう》と機類の宜《よろ》しきに随い、隠《かく》す彰《あら》わすとの別がある。あるいは六根(眼・耳・鼻・舌・身体・意)を通じて説かれる。相好《そうごう》(姿《すがた》・形《かたち》)もまた同様である。念《おも》いに応じ、機(縁)に応じて、みな證《さと》りの利益を蒙《こうむ》るのである(同六〜七頁)」と。まあ、失礼ながらこれでは言葉を移し変えただけですから、それも四十年前のものですし、意訳という制限もあることです。改訂版が早く出版されることを期待し、恥かしながら第五巻『光台の現国』を批判的に読んでください。

とにかくも、光台現国が出てきます「欣浄縁」は、韋提希の人生に対する考察が根元のところで翻《ひる》がえされる大事な経文です。その分水嶺が「光台現国なんです。

まず、「通請所求《つうしょうしょぐう》」です。もう、こんな世は嫌だ、苦悩なき処を教えてほしいと韋提希は佛陀釈尊に請《こ》うわけです。第二が「挙所縁境《きょしょえんきょう》」。この世は地獄・餓鬼・畜生ばかりで、未来に悪の声・悪の人々を見たくないと所縁の境界を列挙します。第三が「求哀懺悔《ぐあいさんげ》」です。佛陀にむかって五体投地して哀みを求め懺悔します。第四が「通請去行《つうしょこぎょう》」でしたね。どうか清浄な業によって成りたった世界を観せて下さい。そこで、第五に現われたのが「光台現国」でした。ここが欣浄縁の分水嶺です。「光台現国」をくぐって、第六が「感荷佛恩《かんかぶっとん》」です。まずは韋提希が「光台現国」してくださった佛陀にむかって諸佛の国々は清浄にして光明にみちみちていると、感謝しながらも、次の第七の「別選所求」になるわけです。大事なのは「別選所求」そして、第八の「請求別行」なのです。感謝することが無意味というのではないが、佛陀が願われたのは、韋提希の、求める所が『**極楽世界の阿弥陀佛の処《みもと》に生ぜんことを楽《ねが》ふ**（註釈版九一頁）』ことであった。その韋提希が、佛陀が彼女に願っていたところを、きっぱりと願ったことこそ「佛恩の感荷」であったわけです。阿弥陀佛の処に生れたいと願う身となることこそが、佛恩に感謝する具体的な表現だったのです。そして最後の第八が「請求別行《しょうぐべつぎょう》」です。経文では『**やや、願《ねが》わくは世尊《せそん》、我《われ》に思惟《しゆい》を教《おし》へたまへ、我《われ》に正受《しょうじ》を教《おし》へたまへ**（註釈版九一頁）』のところです。

重ねて申しますが、「光台現国」を境として韋提希の中に、「通請所求」「通請去行」から「別選所求」「請求別行」と云われるように「通」から「別」に変わっていることです。

つまり別選し請求したのは韋提希だったんでありますが、選ばしめられたのは釈迦如来であったわけで、故に釈迦如来の恩徳は広大であり、光台現国を彼女に見せられたそのこと自体が釈迦如来の彼女に対する隠れた勅命だったのです。

得忍の確認

次は得益分の第四段です。経文は

『佛身《ぶっしん》および二菩薩《にぼさつ》を見《み》たてまつることを得《え》て、心《しん》に歓喜《かんぎ》を生《しょう》じて未曾有《みぞう》なりと歎《たん》ず。廓念《かくねん》として大悟《だいご》して無生忍《むしょうにん》を得《え》たり（註釈版一一六頁）**』**のところです。

これについて善導さまは

「**『得見佛身及二菩薩《とくけんぶっしんぎゅうにぼさつ》』**より以下《いげ》は、まさしく夫人《ぶにん》第七観《だいかん》（＝華座観）の初《はじ》めにおいて無量寿佛《むりょうじゅぶつ》を見《み》たてまつりし時《とき》、即《すなは》ち無生《むしょう》の（利）益《やく》を得《う》ることを明《あ》かす（七祖四九七頁）」と解説されています。

善導さまは、このように第七華座観の前半のところで、無量寿佛が空中に住立され、左右に観世音と大勢至の二菩薩が侍立されていた、そのお姿は光明熾盛であって、とても具さに見ることができなかった、その光明たるや閻浮檀金《えんぶだんごん》というこの世で最高の金でも比較することができぬ輝きであった。そのとき、韋提希はこのお三方《さんかた》を見おわって、佛陀釈尊に接足作礼して申し上げるには、世尊よ、私はいま佛陀釈尊のお力によってお三方を拝することができましたが、未来の衆生はどうすれば今のお三方を見ることができましょうかと、経文にあるところで、韋提希は無生法忍を得たのだと断定されています。いまは華座観の経文を意訳しながら読んだのですが、そこに「無生法忍」という経言はないのです。

当然、当時（中国唐時代の聖道門の諸師方）善導さまへの批判がでてくるわけです。

このことにつきましては、おなじく群萌学舎で刊行されています第十巻『仏語の宣説』の二〇六頁の「無生法忍」のあたりから、第十一巻『無生の法忍』の「得益の相（一九頁）あたりを読んでほしいと思います。

まあ、大略しますと、求道の菩薩が修行して佛に成るまでの過程については五十二段の階位説が一般的に使われていたのが善導さまの時代（中国・唐）にありました。十信・十住・十行・十回向・十地で五十段階、五十一・五十二段が「等覚」「妙覚で、「妙覚」まで登りつめて成佛となるという『瓔珞経《ようらくきょう》』の説です。無生法忍というのは四十八段階のところ、十地でいえば八地以上の菩薩のさとりをいうのです。浄土真宗では、浄土を真如そのものとみて、信心による智慧で無生の生である浄土に往住する道が決定することをいうのです。観経には「無生法忍＝無生忍」という言葉が五回ほど出てきますが、善導さまは韋提希が無生法忍を得たのは第七・華座観だとされました。

「定善示観縁」でも『**無生法忍**（註釈版九三頁）』がでてくるのですが、実際に韋提希が得忍するのは「華座観」の前半で、空中に住立したまう無量寿佛と観音・勢至にまみえたときであって、「定善示観縁」での無生法忍は、あらかじめ無生法忍の法をいただいたら、大いなる「よろこび（喜忍）」と「めざめ（悟忍）」による正しい信心（信忍）にひたされるであろう相《すがた》を説かれたものです。これは「まさしく観修得益《かんしゅとくやく》の相《そう》を明《あ》かす（七祖

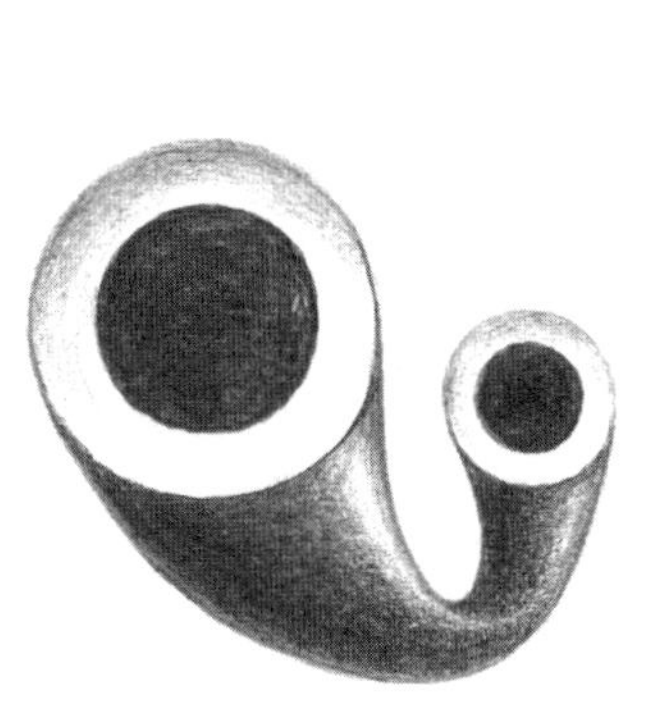

篇三八九頁）」という「相《すがた》」で、明かなところです。

この喜忍・悟忍・信忍を「三忍」というのですが、これは親鸞さまの『正信念佛偈＝正信偈』によっても伝承されていまして、「行者正受金剛心、慶喜一念相応後、与韋提等獲三忍、即証法性之常楽（註釈版二〇六頁）行者正しく金剛心を受けしめ、慶喜の一念、相応して後、韋提と等しく三忍を獲ん。即ち法性の常楽を証せん」と称讃されています。

「三忍」がよくわからず、今でも気になっているのですが、もちろん「無生法忍」とは普通、無生無滅の涅槃の悟りを身にいただくことであります。この三忍は三つ平列に並べて解釈するのには賛同できないのです。喜忍（よろこび）と悟忍（めざめ）を内容として信心といわれる智慧を得るのが信忍ではないかと考えているのです。つまり平板的に並べるのでなくて立体的に領解すべきでないか、皆さんの考えを聴かして下さい。つまり、信忍は、喜忍と悟忍を内容とするところに成りたつものであって、それを無生法忍というのだと考えています。「得益分」の経文で申しますなら『心《しん》に歓喜《かんぎ》を生《しょう》じて未曾有《みぞう》なりと歎《たん》ず』が「喜忍（よろこび）」であり、『廓然《かくねん》として大悟《だいご》して』が「悟忍（めざめ）」であり、『無生忍《むしょうにん》を得《え》たり』が「信忍（信心）」であります。そして、その「信忍」を親鸞さまの『浄土文類聚鈔（註釈版四八八頁）』には「難思議往生を得る人（第十八願成就の往生人）」といただかれているのです。

まあ、正直申しまして求道の過程に五十二段の階位など机上の戯論《けろん》にすぎないという善導さまの考えがあったのですよ。しかし当時においてはそれが仏教の所謂常識みたいなものであったから、無生法忍といってもそれは八地以上の菩薩といわれるほどの高い階位ではなくて、凡夫が到達しうる十信の中の信心をいうのだと批判をかわしたのですね。とにかく大事なのはその教えを受けて歓喜と自覚の心がおきたのかどうかなんだ、よろこびとめざめということでしょ。親鸞さまになると、もっとひどいです。信心を獲得した人は等覚の階位になるというのですからね。等覚といえば妙覚（佛）の隣り五十一段の階位ですからね。難思議往生の人は佛に等しいとまで言われていますからね。
だから、ここの「得益分」は、第七華座観で韋提希が得た無生法忍を、ここで確認したわけです。

次へまいりましょう。「得益分」の第五段にあたるところです。

侍女の発心

経文は、

『五百《ごひゃく》の侍女《じにょ》、阿耨多羅三藐三菩提心《アノクタラサンミャクサンボダイシン》を発《おこ》して、かの国《くに》に生《しょう》ぜんと願《がん》ず』というところです。アヌッタラ（無上）サミャクサムボデヒィ（正眞道・正遍智・正等覚）は、サンスクリット語を漢字に音訳したもので、意訳すれば無上のさとりを求めることで、最後に「心」がついていますので、無上のさとりを求める心といった意味になります。

「五百人の侍女たちも、それぞれに無上のさとり（正等覚）を求めて、かの西方浄土に生れようという願いをおこした」という意味になりましょう。

善導さまは「『**侍女**《じにょ》』より以下《いげ》は、まさしくこの勝相《しょうそう》を観《み》て、おのおの無上《むじょう》の心《しん》を発《おこ》して浄土《じょうど》に生《しょう》ぜんと求《もと》むることを明かす（七祖四九七頁）」と解説されています。

ふりかえって思えば、五百人の侍女たちは、韋提希が「禁母縁」の最後のところで、命だけは何とかとりとめたものの、阿闍世は『**内官**《ないかん》**に勅語**《ちょくご》**して**（韋提希を）**深宮**《じんぐ》**に閉置**《へいち》**して、また出**《いだ》**さしめず**（註釈版八九頁）』と経文にありますね。その時から、この「得益分」に至るまで、ずっと韋提希のそばに侍《はべ》って、韋提希のなげきを見、王舎城にお出ましになった佛陀釈尊と大目犍連・阿難尊者がたの姿にふれ、侍女たちの主人である韋提希が取り乱して、佛陀釈尊まで非難するような愚痴まで吐露したのを見ているのです。五百人の侍女たちがですよ。そればかりではありませんね。

「欣浄縁」で韋提希の「通請所求《つうしょうしょぐ》」「所厭の境界を挙出す」ることも「求哀懺悔《ぐあいさんげ》」し「通請去行《つうしょうこぎょう》」することも、さらには「光台現国」の不思議な光景もです。ところが、その「光台現国」を境にして彼女が遂に佛陀釈尊に大いなる慈悲に感謝の意を表しながらも、単なる「通請」から「別選」を「所求」する韋提希に変貌して遂には、極楽国土の阿弥陀佛の所《みもと》に生れる道、つまり「請求別行」を問ふ人間と変ってゆく姿を、侍女たちはもはや他人事《ひとごと》でなく、まさに自分自身のこととして息をこらして見まもっていたでしょうね。

このあたりは、この群萌学舎の観経の講読を始めましてから何回となく申しあげてきたところですから、もはや耳にタコができるほど、お聞きになっているところです。しかしながら視点を変えて、五百人の侍女の立場からこの悲劇と韋提希の求道の姿を見てゆきますと、語っている私も私の宿業の問題として、またわれらの共業の問題として深い感動をよびおこすのです。

このようなとき、佛陀釈尊の口もとから発せられるお言葉が『**汝《なんぢ》、いま知《し》れ**

りやいなや。阿弥陀佛《あみだぶつ》、此《ここ》を去《さ》ること遠《とお》からず（註釈版九一頁）』だったのです。

どうでしょう。五百人の侍女たち、それぞれ一人一人ちがった宿業を生きる身です。韋提希と比べれば、立場も違えば仕事も違う、それぞれ家庭を持つ身であればその違いは一人として同じ者は居ない、しかし人間である一点において同じ宿業をかかえて生老病死してゆく身においては一分の違いもないのです。源信さまでしたか、人間を悲しい器、悲器と申されたのは。

高浜虚子の句でしたね。

去年今年《こぞことし》つらぬく棒のごときもの

棒が何であるか、虚子は何も云いません。読む者の勝手です。その棒を生老病死と読むのも読む者の勝手です。こんな句もあります。

初空や大悪人虚子の頭上《づじょう》に

遠山《とうやま》に日のあたりたる枯野かな

初空が明《めい》なら大悪人虚子は暗《あん》です。遠い山の頂きが光なら身を置く枯野は闇です。

五百人の侍女たちは、それぞれの宿業・共業《ぐうごう》をないまぜながら、それからくりひろげられる定散二善の説法を聞き入ったことでありましょう。その間には第七華座観で空中に住立したまう南無阿弥陀佛と観音・勢至の二菩薩を拝見したでありましょう。

広瀬杲師は「五百の侍女における得益」について「実は人間という存在における救済の普遍性を語るのでしょう」と申されていますが、どうでしょうか、真の普遍性は耆闍会を待ってではないかと考えます。

話が急に変るようですが、佛跡巡拝しますときは、必ずサルナートを入れますね。誕生のルンビニー、正覚のブッダガヤ、五人の弟子のサルナート、涅槃のクシナガール、これを四大佛跡というでしょ。サルナートが何故四大佛跡のひとつになったのか、教団の成立だからです。佛陀釈尊のさとりが佛陀釈尊のみに止ったならば、そのさとり、つまり成道は証明されません。佛と法と僧（サンガ）に帰依するところに佛法は成りたつのです。佛陀釈尊の成道は帰依僧によって、その真実が証明されるのです。サルナートにおける佛弟子五人の誕生、そこに佛法の歴史は始まる、歴史にならぬ教法は教法にもならないと云っても過言ではないと思います。

ですから、五百人の侍女たちは、いわば王舎城の悲劇のような逆境にであった韋提希の特殊性のなかに、人間であることの普遍性を「王宮会」という限定された特定の場所ではあっても見たのであります。五百人の侍女たちも、まさに自分自身の問題として佛陀釈尊の説法を聴き入ったのでありましょう。

かくして、五百人の侍女たちも、無上のさとりを得る求道の心を発して、彼の極楽浄土の阿弥陀佛の所《みもと》に生れたいと願いを発したのです。ですから『**五百《ごひゃく》の侍女《じにょ》、阿耨多羅三藐三菩提心《あのくたらさんみゃくさんぼだいしん》を発《おこ》して、彼《か》の国《くに》に生《しょう》ぜんと願《がん》ず**』という経文は、当時の宮殿内の状景を描写したというような簡単なことではないのです。ましてや五百人の侍女が居たということを聞いてマガダ国はインドでは当時最大の国だったのだから、それくらいの侍女は居たであろうな、しかし、この経典も最後のところで五百人の侍女を登場させるなんて何の意味もないことだろうにと思ってしまうのは単慮というほかにないと考えます。王舎城の、いわば個人的な特殊な悲劇という枠を越えて、この五百人の侍女の登場は、先きで学びます「耆闍分」でも強調されます観無量寿経の公性といいますか普遍性を、あらかじめ象徴するものとして、きわめて重要なことであると考えます。

いまひとつ強調して申せば、広瀬師も指摘されているように、この五百人の侍女の、いわば突飛な経文上の出現は、人間が人間であるかぎり、人間はすべて宗教的な存在であり、この経文になぞらえて申せば、人間はみな、**『彼《か》の国《くに》へ生《うま》れんことを願《ねが》う』**存在であることの象徴的な表現であると考えます。

授記の内容

次へまいります。得益分の第六段になります。経文は『**世尊**《せそん》、**悉**《ことごと》**く「みなまさに往生**《おうじょう》**すべし。彼**《か》**の国**《くに》**に生**《しょう》**じ已**《おは》**りて、諸佛現前三昧**《しょぶつげんぜんざんまい》**を得**《え》**ん」と記**《き》**したまえり**（註釈版一一六頁）』と。

『**諸佛現前三昧**《しょぶつげんぜんざんまい》』につきましては、その欄外に註があって「般舟三昧《はんじゅさんまい》・佛立《ぶつりゅう》三昧ともいう。諸佛が眼前に現れ、未来の成佛を予告されるのを感得することができるという禅定《ぜんじょう》」と。どうでしょうか、よく領解できませんね。

善導さまに聞いてみます。第六段です。

「『**世尊悉記**《せそんしっき》』より以下《いげ》は、まさしく侍女尊記《じにょそんき》を蒙《こうむ》ることを得《え》て、皆彼《みなか》の国《くに》に生《しょう》じて即《すなは》ち現前三昧《げんぜんざんまい》を獲《う》ることを明《あ》かす（七祖四九七頁）」と解説されています。

それは前の段で五百人の侍女たちが、無上の求道心を発して、阿弥陀佛の国に生れんと願ったことについて、この第六段では佛陀釈尊が印可を与えたということです。汝等の浄土往生はまちがいないと授記したといってもよいところです。証明したと云ってもよいですね。善導さまは「尊記《そんき》を蒙《こうむ》ることを得《う》」と申されています。大無量寿経のことばで申しますれば**『去《こ》・来《らい》・現《げん》の佛《ぶつ》、佛《ぶつ》と佛《ぶつ》と相念《あひねん》じたまう**（註釈版八頁）**』**と。去とは過去の佛、来とは未来の佛、現とは現在の佛が互に相い念じあっているということです。過去の佛が現在の佛陀釈尊を見いだし、現在の佛陀釈尊が五百の侍女に授記したということは、五百の侍女が未来に佛になることを証明されたということです。心ははや浄土に居す、です。

ですから、この侍女たちが現在の佛である釈尊に未来の佛として証明されたというのは、善導さまによれば、「皆彼の国に生じ、即ち（諸佛）現前三昧を獲る」ということが、それぞれ今後どんな人生を歩くのか解らないにしても、「皆、彼の国に生じ」なんですよ。そこに「生じて」なんて送りがなを付けなくてもいいでしょ。原文は「皆生彼国」なんだから、それを「みな、かの国に生じて」と読んでしまうから話がわからなくなるのです。たった「て」という一文字が未来の話しになってしまうのです。

曽我量深師は、われらに「往生は心にあり、成佛は身にあり」と教えてくださったのです。だから、ここは「心は彼の国に生じ」「心は彼の国に生れ」。どちらでも同じです。

そして「即ち」ですから、即刻です。時間としては同時です。身は娑婆にあっても、心は浄土を本籍として生きてゆくのです。現住所が娑婆です。娑婆で諸佛に会って行く。それが『**諸佛現前三昧**《しょぶつげんぜんざんまい》』ではないですか。本籍を西方の浄土として、この娑婆を現住所として、人生を歩いて行くものにとっては、現前に自分に接するものは、みな諸佛として仰いで行く、その境地を諸佛現前三昧というのでしょ。註釈の「般舟三昧・佛立三昧ともいう。諸佛が眼前に現われ、未来の成佛を予告されるのを感得することができるという禅定」と云われても何が何だか領解できないのですがわれらの現実に話をもどして行けば明了になるのではないですか。

善導さまの「皆生彼国」と「獲現前味」とを「即」の一文字を入れることで『**諸佛現前三昧**』ということが、はっきりするのです。

話が飛んでしまいますが、八五年の中曽根首相の靖国神社公式参拝の高裁判決までの結論が憲法判断としては「継続すれば違憲」という言葉を引き出したときも落胆することもなかったし、このたびの小泉首相の公式参拝が憲法判断としては、明確な憲法違反という言葉を引き出したときも有頂天にならずにおれたのは、私自身の怠慢を棚上げして云いますなら、中曽根・小泉の両首相および国家に対して、諸佛現前三昧の境地が私自身の心底に響き続けていたからだと自負しておることであります。

無量の諸天

次に移りますが、第七段になります。

『無《む》量《りょう》の諸《しょ》天《てん》、無《む》上《じょう》道《どう》心《しん》を発《おこ》せり（註釈版一一六頁）』。これが経文です。そして善導さまの釈文は次のとおりです。

「『無《む》量《りょう》諸《しょ》天《てん》』より以下《いげ》は、まさしく前《さき》の厭《えん》苦《く》の縁《えん》のなかに、釈《しゃく》・梵《ぼん》・護《ご》世《せ》の諸天等《しょてんとう》、佛《ぶつ》（釈尊）に従《したが》ひて王宮《おうぐ》にして空《くう》に臨《のぞ》みて法《ほう》を聴《き》くことを明《あ》かす。あるいは釈迦毫光《しゃかごうこう》の転変《てんぺん》を見《み》、あるいは弥陀金色《みだこんじき》の霊儀《りょうぎ》を見《み》、あるいは九品往生《ぼんおうじょう》の殊異《しゅい》を聞《き》き、あるいは定散両門《じょうさんりょうもん》ともに摂《せっ》することを聞《き》き、あるいは善悪《ぜんあく》の行《ぎょう》斉《ひと》しく帰《き》することを聞《き》き、あるいは西方浄土《さいほうじょうど》、目《め》に対《たい》して遠《とお》きにあらざることを聞《き》き、あるいは一生専精《しょうせんしょう》に志《こころざし》を決《けっ》すれば永《なが》く生死《しょうじ》の流《なが》れを分《わか》つことを聞《き》く。これらの諸天《しょてん》すでに如来《にょらい》（釈尊）の広《ひろ》く希奇《けき》の益《やく》を説《と》きたまふを聞《き》きて、おのおの無上《むじょう》の心《しん》を発《おこ》す。これすなはち佛《ぶつ》はこれ聖中《しょうちゅう》の極《ごく》なり。語《ことば》を発《おこ》したまへば経《きょう》となり、凡惑《ぼんわく》の類《たぐい》、餐《さん》を蒙《こうむ》る。よくこれを聞《き》くものをして益《やく》を獲《え》しむ。上来《じょうらい》七句《く》（七段）の不同《ふどう》ありといへども、広《ひろ》く得益分《とくやくぶん》を解《げ》しをはりぬ（七祖四九七～四九八頁）」で終っています。

　ながい釈文ですね。まあ釈文のはじめにありますように『無量《むりょう》の諸天《しょてん》』が観経に出てまいりますのは、厭苦縁の後半のところにあります『釈《しゃく》・梵《ぼん》・護世《ごせ》の**諸天《しょてん》、虚空《こくう》のなかにありて、あまねく天華《てんげ》を雨《あめふ》らしてもって**（釈尊と目連・阿難を）

供養《くよう》したてまつる（註釈版九〇頁）』です。欄外に「釈は帝釈天、梵は梵天、護世の諸天は四天王のこと」とあります。まあ、インドの神々で天の世界に居られる神さまです。その神々が空中にあって佛陀釈尊の宮殿のお出ましを待って、華を雨のように散らしながら待っているのでした。あの神々のことが、「得益分」になってまた出てくるのですね。つまり「厭苦縁」から「欣浄縁」での「光台現国」での韋提希の求道の姿も見たし、第七華座観で『**住立空中**』したまう弥陀三尊のお姿も見ることができ、散善の九品の人びとの往生のちがいをも聞き、定・散二善もともに摂取して捨てたまわぬ阿弥陀如来の慈悲あるを聞き、善悪（上品・中品・の六品善行と下品の悪行）の人々も残らず浄土に生るることを聞き、『**汝《なんぢ》、いま知《し》れりやいなや。阿弥陀佛《あみだぶつ》、ここを去《さ》ること遠《とお》からず**（註釈版九一頁）』という佛言をも聞き、下・下品のごときも『**心《こころ》を至《いた》して、声《こえ》を絶《た》えざらしめて、十念《じゅうねん》を具《ぐ》足《そく》して南無阿弥陀佛《なもあみだぶつ》と称《しょう》せしむ。佛名《ぶつみょう》を称《しょう》するが故《ゆゑ》に、念々《ねんねん》のなかにおいて八十億劫《はちじゅうおくこう》の生死《しょうじ》の罪《つみ》を除《のぞ》く**（註釈版一一五頁）』ことをも聞いたと云われるのですから、厭苦縁からずっと天に舞いながら見たり聞いたりしてきたわけです。『無《む》量《りょう》の諸天《しょてん》、無上道心《むじょうどうしん》を発《おこ》せり（註釈版一一六頁）』と申されるのは至極当然のことです。

なぜなら、天人とは人間の欲望の追求を充足し得たのが、そもそも天人ですからね。しかし天人の世界こそ地獄より十六倍も苦悩が深いといわれます。

いつぞや紹介しました山口誓子《せいし》の句に

海に出て凩《こがらし》かへるところなし

という句がありました。二十世紀を生きられた俳人です。二十世紀は戦争の世紀ではありましたものの、四五年夏の敗戦後、他の国々とちがい正に目をみはるほどの経済的発展を成しとげた国のひとつが日本です。まさに二十世紀の後半は『無量の諸天』といわれるような、俗にいう有頂天といっていい情況でした。隣の朝鮮では南北に別れて、アメリカと中国の介入もあり荒廃しきった戦争が続くなかで日本の経済は発展し、三十年も続いたヴェトナム南北戦争も日本経済に特需景気をもたらした一方にあって、国内では東京オリンピックがあり大阪万博があり「日本列島改造論」までとびだして、日本の経済情況は世界の国々から奇蹟といわれたほどの発展（？）ぶりでした。

未曾有の経済発展を果した日本の「凩《こがらし》」はさまざまな森や林や古い家屋をなぎ倒しながら、遂に広漠とした「海に出て」しまったのです。残ったのは無機質のビル街、暖冷房完備のマンション群、快適な空陸の交通手段、季節を問わない果物のビニール栽培と縦横無尽に交錯するコンクリートやアスファルト道路増設による大地の陰蔽、もはや「凩」は「かえるところなし」、低気圧になって海上にただようほか術《すべ》はなかったのです。

われらはうつろなる人間
われらは剥製《はくせい》の人間
藁をつめた木偶《でく》頭を
すりよせる　ああ！

われらのひからびた声は
ささやきあうも
声ひくくして意味なく
枯草のなかの風
またひからびた穴蔵に
くだけたガラスをわたる鼠《ねずみ》の足音

エリオットの詩『うつろな人びと』です。

そして日本にバブル崩壊の時代を世紀末に迎えたのです。有頂天は、いつかは落下せざるを得ない必然がやってきたのです。国内ではサリン事件、阪神淡路島大地震、未成年の殺害事件の数々。新聞によると二〇〇三年の自死者は三四、四二七人といわれます。前年のそれは三二、一四三人、年に二、二八四人の増加です。

山口誓子は二十世紀の俳人ですが、彼よりも三世紀も前に生れた池西言水《ごんすい》

（一六五〇年生れ、奈良にて出生）の句に

凩《こがらし》の果はありけり海の音

というのがありました。「凩の言水」の異名をとるほどに後世に残る句となりました。彼は享保七年（一七二二年九月二十四日）、この句を辞世句とするように遺言して七十三歳の生涯を閉じています。彼には、誓子になかった「海の音」という、帰るところがあったのです。「海の音」が彼にはどんな意味があったのかは何も答えてはいませんが…。

第二講

人生に意味あり

『無量《むりょう》の諸天《しょてん》、無上道心《むじょうどうしん》を発《おこ》せり（註釈版一一六頁）』のところでした。なんか、だらだらと話してまいりましたが、『無量の諸天』こそが有頂天なるが故に、意識の奥ふかくでは、もっとも『無上道心を発《おこ》』さんとしているのではないか、諸天こそ地獄より十六倍もあるという苦悩を抱えているからです。人生における理想世界と想われている世界こそが、人生の無意味であることを、もっとも知っている、それが『無量の諸天』だからです。

佐藤三千雄師は『人生のあゆみ』という書物の中で、「宗教というのは〝人生に意味あり〟という大前提に立つものです。そこから人生の実質につながる誠実さがでて来ます。ところが現代は、人生の意味や価値を信ずる力を大幅に失っています。そこから、かえって人生の実質につながらない空虚さが出てくるのです。

人間として生きる内的な力を失ないつつあるのです」と云われています。ここで申される「現代人」こそ『**無量の諸天**』ではないでしょうか。だからこそ、佛陀釈尊の説法をもっとも激しく求めている存在であると申してよいのです。彼等が始めから最後まで佛陀釈尊の観経の説法を聴聞していたのはそのためであり、聴聞して『**無上道心**』を発《おこ》したのは必然のことであったのです。佛陀釈尊の経言が『**五百の侍女**』たちを通して当時の時代に普遍性を持っていることを更に越えて、末法の時代にまでその普遍性を持ち得たのは、この『**無量の諸天**』が『**無上道心を発**《おこ》』したことによってであると申せるかと思います。正法から像法、そして末法、法滅の時に至るまで、佛陀釈尊の観経の教えは永遠の普遍妥当性をもって、われら「現代人」の心にまでとどいてやまないものであります。すなわち、観無量寿経は、われらの視覚に訴へる方便の教を入口としながら、遂には次の「流通分」で展開されます称名念佛という教に転じて、末代無知のわれらに伝えてくださるのです。

これで一応「得益分」を終り、次の「流通分」へ進んでまいりましょう。

二つの流通分

まず、経文を読んでまいります。漢数字は例のごとく善導さまの段落をあらわしています。七段にわけてあります。

『(一)「爾時阿難《そのときあなん》、即《すなは》ち座《ざ》より起《た》ち、前《すす》みて佛《ぶつ》にもうしてもうさく〝世尊《せそん》、まさにいかんがこの経《きょう》を名《な》づくべき。この法《ほう》の要《かなめ》をば、まさにいかんが受持《じゅじ》すべき〟」と』。

『(二)「佛《ぶつ》、阿難《あなん》に告《つ》げたまはく〝この経《きょう》をば〈極楽国土《ごくらくこくど》・無量寿佛《むりょうじゅぶつ》・観世音菩薩《かんぜおんぼさつ》・大勢至菩薩《だいせいしぼさつ》を観《かん》ず〉と名《な》づく。また〈業障《ごっしょう》をば浄除《じょうじょ》し諸佛《しょぶつ》の前《まえ》に生《しょう》ず〉と名《な》づく。(三)なんじまさに受持《じゅじ》すべし。忘失《もうしつ》せしむることなかれ。(四)この三昧《さんまい》を行《ぎょう》ずるものは、現身《げんしん》に無量寿佛《むりょうじゅぶつ》および二大士《にだいじ》を見《み》ることを得《う》。もし善男《ぜんなん》子《し》・善女人《ぜんにょにん》、ただ佛名《ぶつみょう》・二菩薩名《にぼさつみょう》を聞《き》くだに、無量劫《むりょうこう》の生死《しょうじ》の罪《つみ》を除《のぞ》く。いかにいはんや憶念《おくねん》せんをや。(五)もし念佛《ねんぶつ》するものは、まさに知《し》るべし、この人《ひと》はこれ人中《にんちゅう》の分陀利華《ふんだりけ》なり。観世音菩薩《かんぜおんぼさつ》・大勢至菩薩《だいせいしぼさつ》、その勝友《しょうう》となる。まさに道場《どうじょう》に坐《ざ》し諸佛《しょぶつ》の家《いえ》に生《しょう》ずべし〟」と』。

『(六)「佛《ぶつ》、阿難《あなん》に告《つ》げたまはく〝なんぢ、よくこの語《ご》を持《たも》て。この語《ご》を持《たも》てといふは、すなはちこれ無量寿佛《むりょうじゅぶつ》の名《な》を持《たも》てとなり〟」と』。

『(七)「佛《ぶつ》、この語《ご》を説《と》きたまふとき、尊者目犍連《そんじゃもっけんれん》・阿難《あなん》および韋提希《いだいけ》等《とう》、佛《ぶつ》の所説《しょせつ》を聞《き》きてみな大《おお》きに歓喜《かんぎ》す。」』

以上が「流通分」の経言です。善導さまは、いまも申しましたように「流通分」を七段にわけて解説なさっているのですが、実はこの流通分の冒頭に、次のように申されているのです。

「四に次《つぎ》に流通分《るずうぶん》を明《あ》かす。なかに二あり。一には王宮《おうぐ》の流通《るずう》を明《あ》かす。二には耆闍《ぎしゃ》の流通《るずう》を明《あ》かす。いま先《ま》づ王宮《おうぐ》の流通分《るずうぶん》のなかにつきてすなはちその七あり」と。この「七」が流通分を七段にわけた理由です。しかし、いま読みました流通分は王舎城での流通分であって、後で出てまいります「耆闍分」といわれます、耆闍崛山にお帰りになってからの流通とはちがうから注意なさいというわけでしょう。耆闍分といっても流通分にちがいはないのです。流通分ではありますけれども、王舎城の流通分と耆闍崛山での流通分は、いわば質的な違ひがあると見られたのが善導さま独得の科文なのです。これについては「耆闍分」で学ぶことになりますので、いまは申さないでおきます。

いまひとつ、解説の冒頭の「四に」という漢数字が何の四なのかはっきりしなかったのです。やっとわかりました。「七祖篇」の三三五頁にありました。「一に(乃至)序分《じょぶん》を明《あ》かす。二に(乃至)正宗分《しょうしゅうぶん》を明《あ》かす。三に(乃至)得益分《とくやくぶん》を明《あ》かす。四に(乃至)流通分《るずうぶん》を明《あ》かす。この四義《ぎ》は佛王宮《ぶつおうぐ》にまします一会《え》の正説《しょうせつ》なり」だったのです。だから「耆闍分《ぎしゃぶん》(七祖五〇〇頁)」では「五に」なっています。情けないですね。読んだはずなんですが、もう忘れてしまっているのです。もともと上等でない頭脳が年齢を重ねるほどに…愚痴ですわ。
とにかく観経には王舎城と耆闍崛山と、流通分が二つあるわけです。

即ち座より起つ

さて善導さまの七段に添って経文を学んでまいります。第一段は、

『その時《とき》、阿難《あなん》、即《すなは》ち座《ざ》より起《た》ち、前《すす》みて佛《ぶつ》にもうしてもうさく〝世尊《せそん》、まさにいかんがこの経《きょう》を名《な》づくべき。この法《ほう》の要《かなめ》をば、まさにいかんが受持《じゅじ》すべき〟と。』

善導さまは、これを解説されて「一に『爾時阿難《にじあなん》』より以下《いげ》は、まさしく請《しょう》発《はっ》の由《ゆえ》を明《あ》かす（七祖四九八頁）」と申されています。意訳しますと、「得益分」が終ったそのとき、阿難は「即ち」ですから、まさに即座に座を起たれて佛陀釈尊の前に進んで問われたのです。緊迫感のあるところです。間髪を入れずに質問された

のです。「この王舎城で聞きました佛陀釈尊のお経を何と名づけたらよいでしょうか、そしてこのみ教の要《かなめ》をいかに受取ったらよいのでしょうか」と、たたみかけるように問うておられます。まさに「請発《しょうはつ》」したのですね。まあ、阿難は伝持者としての役割を持っていますから、当然といえば当然ですが、その問たるや、まさに大無量寿経の発起序『**尊者阿難《そんじゃあなん》、佛《ぶつ》の聖旨《しょうし》を承《う》けて即《すなは》ち座《ざ》より起《た》ちて…**（註釈版八頁）』や、同じく下巻・智慧段の『**佛《ぶつ》、阿難《あなん》に告《つ》げたまわく「汝起《なんぢた》ちてさらに衣服《えぶく》を整《ととの》へ、合掌《がっしょう》し恭敬《くぎょう》して無量寿佛《むりょうじゅぶつ》を礼《らい》したてまつれ**（註釈版七四頁）」』の経言とよく似た表現ですね。ともに大事な感動的な場面です。大経のはじめの阿難の『**座より起った**』のは、発起序ですから大無量寿経が説き始められるという佛陀釈尊の出世本懐が説かれはじめる縁由になったところですし、下巻の『**汝**（**阿難**）**起ちて…**』は本願疑惑の『**胎生《たいしょう》・化生《けしょう》**（註釈版七六頁）』の問題がでてくるところです。

この観経の流通分での阿難の『**即ち座より起ち、前《すす》みて佛に…**』という経言

は能聴者であり伝持者でもあった阿難の態度をみごとにあらわしてある経言であり、あの『浄土和讃（註釈版五六五頁）の

尊者阿難《そんじゃあなん》座《ざ》よりたち
世尊《せそん》の威光《いこう》を瞻仰《せんごう》（仰ぎ見る）し
生希有心《しょうけうしん》（有難き心）とおどろかし
未曽見《みぞうけん》（未だ曾って見ず）とあやしみし

を想い起させる経言であります。

二つの経名

第二段に移ります。経言は、

『佛《ぶつ》、阿難《あなん》に告《つ》げたまはく「この経《きょう》をば〝極楽国土《ごくらくこくど》・無量寿佛《むりょうじゅぶつ》・観世音菩薩《かんぜおんぼさつ》・大勢至菩薩《だいせいしぼさつ》を観《かん》ず〟と名《な》づく。また〝業障《ごっしょう》を浄除《じょうじょ》し諸佛《しょぶつ》の前《まえ》に生《しょう》ず〟と名《な》づく」』

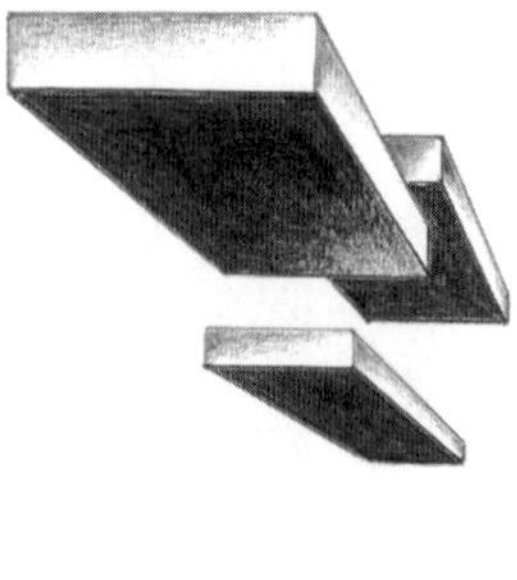

です。

このように延べ書きにしますと、わかりにくくなりますね。これは観無量寿経を漢文にもどせばいいのです。佛陀釈尊は『**佛**《ぶつ》**、阿難**《あなん》**に告**《つ》**げたまはく「この経**《きょう》**をば〝観極楽国土**《かんごくらくこくど》**・無量寿佛**《むりょうじゅぶつ》**・観世音菩薩**《かんぜおんぼさつ》**・大勢至菩薩**《だいせいしぼさつ》**（経**＝円日註）**〟と名**《な》**づく。また〝浄除業障**《じょうじょごっしょう》**生**《しょう》**諸仏前**《しょぶつぜん》**（経**＝円日註）**と名**《な》**づく**」とすればよくわかりますね。

それぞれの終りに「経」を付けてみました。

さて善導さまは次のように解説されています。

「一に『**佛告阿難**《ぶつごうあなん》』より以下《いげ》は、まさしく如来依正《にょらいえしょう》を双《なら》べ標《ひょう》し、もって経《きょう》の名《な》を立《た》て、またよく経《きょう》によりて行《ぎょう》を起《おこ》せば、三障《しょう》の雲《くも》おのずから巻《ま》くことを明《あ》かして、前《さき》の初《はじ》めの問《とい》の『**云何名此経**《いかんがこの経を名づくべき》』の一句《く》に答《こた》ふ（七祖四九八頁）と。

最初の経の名は『**極楽国土**』が依正二報の依報にあたり、『**無量寿佛・観世音菩薩・大勢至菩薩**』が正報にあたるわけですから、この依正の二報を並べてあらわし、それを『**観ず**』る経典であると解説し、『**また（亦）**』と続いて、行者の諸々の『業障《ごっしょう》を浄除《じょうじょ》し諸佛《しょぶつ》の前《まえ》に生《しょう》ず』る経典『と名《な》づく』るのだと申されるのです。

このように佛陀釈尊は、いままでの教えを以上のように名づけられたのです。ところで善導さまの解説は終っていないのですね。このようにしてこの経典を、二つの名をもって佛陀釈尊は命名されたわけですが、第一の命名は観経の教えを依正をならべて順序どおりの命名ですけれども、第二の『浄除業障《じょうじょごっしょう》生《しょう》諸仏前《しょぶつぜん》(経)』という命名は観経全体を通じての利益を明確にした経名であります。善導さまが「またよく経によって行を起せば、三障の雲(惑《わく》・業《ごう》・苦《く》)おのずから巻《ま》く(とび散ってしまう)」と申されていますから、三障の雲は自ら拂底されてしまうのだと。

このように、この経典の内容を二つの言葉で明らかにしたのが、第二段の解説です。そして第一段の阿難の問であった『云何《うんが》名《みょう》此《し》経《きょう》＝いかんがこの経を名づくべき』に答えたのです。

次に移りましょう。第三段です。

『なんじ（汝）』

『汝《なんぢ》まさに受持《じゅじ》すべし。忘失《もうしつ》せしむることなかれ（註釈版一一七頁）』これが経文です。

善導さまの疏文は「三に『**汝当受持**《にょとうじゅじ》』より以下《いげ》は、前《さき》の後《のち》の問《とい》の『**云何受持**《うんがじゅじ》』の一句に答《こた》ふ（七祖四九八～四九九頁）」るのです。第一段にあった後の問ですね。経文は『**この法《ほう》の要《かなめ》をば、まさに云何《いかん》が受持《じゅじ》すべき**』でした。「要《かなめ》」は扇の要というように、それがなかったらバラバラと壊れてしまう、もっとも肝要な中心です。その問の答えが、この第三段の経言です。

なんだか、阿難の質問がはぐらかされたような答ですね。「どうすれば、この法の要《かなめ》である精神（魂と云ってもいいですね）を受持できましょうか」という問ですのに、佛陀釈尊の答は『**汝当《なんぢまさ》に受持《じゅじ》すべし。忘失《もうしつ》せしむることなかれ**』ですからね。問がそのまま答になっているわけでしょ。まあ、そのあと「忘《わす》れ失《うしな》うことなかれ」とは申されていますけれども。

文字にすれば、はぐらかされたような佛陀釈尊の応答ですがね。私流にこの釈尊のお言葉を文字にすれば「汝！伝持者・阿難よ！当に受持すべし！忘失せしむることなかれ！」と！印《じるし》をつけたいところです。いわば佛陀釈尊は充分に知っておられながら、語気を強めて阿難の問をそのまま答になさっているのです。トーンが普段より高いのです。質問を、そのまま答えとなさっているのは命令なんです。特に常時釈尊のそばに侍《はべ》って聴聞していたのが阿難ですからね。聴聞慣《な》れということがあるのではないですか。それに加えるに、佛陀釈尊のそばには、ずっと佛弟子・目連もいたのです。このあと「流通分」のおわりのところで『**尊者目《そんじゃもく》揵連《けんれん》**』という経文も出てきますように「厭苦縁」以来、彼も側近に居て一部始終を見、聞いていたのです。だから二人の弟子にむかって、目連に簡《えら》んで伝持者・阿難にむかって特に『汝！』と命令調に指名されたのです。次へまいります。第四段です。

比校顕勝《ひきょうけんしょう》

「流通分」の第四段は

『(四)①この三昧《さんまい》を行《ぎょう》ずるものは、②現身《げんしん》に無量寿佛《むりょうじゅぶつ》および二大士《にだいじ》を見《みたてまつ》ることを得《う》。③もし善男子《ぜんなんし》・善女人《ぜんにょにん》、④ただ佛名《ぶつみょう》・二菩薩《にぼさつ》名《みょう》を聞《き》くだに、無《む》量劫《りょうこう》の生死《しょうじ》の罪《つみ》を除《のぞ》く。いかにいはんや憶念《おくねん》せんをや（註釈版一一七頁）**』**です。

この第四段を善導さまは、

「まさしく比校顕勝《ひきょうけんしょう》（比較《ひかく》して勝を顕わす）して、人《ひと》を勧《すす》めて奉《ぶ》行《ぎょう》せしむることを明《あ》かす。

即《すなは》ちその四あり。これは「項」ですね。
①には総《そう》じて定善《じょうぜん》を標《ひょう》してもって三昧《まい》の名《な》を立《た》つることを明《あ》かす。
②には観《かん》に依《よ》りて修行《しゅぎょう》して、即《すなは》ち三身《しん》を見《み》る益《やく》を明《あ》かす。
③には重《かさ》ねて能《よ》く教《きょう》を行《ぎょう》ずる機《き》を挙《あ》ぐることを明《あ》かす。
④には正《まさ》しく比校顕勝《ひきょうけんしょう》して、ただ三身《しん》の号を聞《き》くすらなほ多劫《たこう》の罪愆《ざいけん》を滅《めっ》す。何《いか》に況《いは》んや正念《しょうねん》に帰依《きえ》して証《しょう》を獲《え》ざらんやといふことを明《あ》かす（七祖四九九頁）」
と。

この第四段の経文を、善導さまはまず「まさしく比校顕勝して、人に称名念佛を勧めて実践することを明かしたところだ」と申されているのです。つまり観念の念佛と比較して称名念佛が勝れていることを顕わした一段が、この第四段の経文の大意だと申されるのです。このように結論されたあと、次にその理由といいますか、なぜそうなのかを四項にわたって論じれらてゆくのです。

第一項は、経文では『**この三昧《さんまい》を行《ぎょう》ずるものは**』にあたるところであります。

それを善導さまは「総じて定善を標して」といわれるのですから定善を目じるしにしてとか手本にしてとか、掲《かか》げてという意味でしょう。そして「もって三昧の名を立つることを明かす」といわれるのですから、経文でいわれる『**三昧《さんまい》を行《ぎょう》ずるもの**』とは定善の三昧のことだと。まず第一項では定善三昧のことだと申されたのだと善導さまは決定されたのです。それは思えば当然のことであって、韋提希が佛陀釈尊に願ったのは、遠く「定善示観縁」で『**いかんしてか、まさに阿《あ》弥陀佛《みだぶつ》の極楽世界《ごくらくせかい》を見《み》たてまつるべき**（註釈版九三頁）』だったのですからね。次へまいります。

　第二項は、くりかえして申しますが、「観に依りて修行して即ち三身を見る益を明かす」と云われますね。経文では『**現身《げんしん》に無量寿佛《むりょうじゅぶつ》および二大士《にだいじ》を見《み》ることを得《う》。**』にあたるところにあたりましょう。これも当然のことを申されているようですが、定善の三昧、つまり観佛三昧によって修行が成就するなら、現身のままに三身を見ることのできる利益を得ることを明かしたところなのですね。「修行して即ち」ですから、「修行し終ったら即ち」です。「観に依って修行が成就したら即刻、三身を見ることのできる利益があることを明かす」ということです。厳密にいいますと「三身を見ることのできる利益を得る」のではなくて「利益を得る」ことを経文では「明かし」ているのです。もし「三身を見る」ことができないのであれば、経文がいくら利益を得るのだといっても空しいことになってしまうのです。

かつて「水想観」を学びましたとき、水の澄《ちょう》清性《しょうせい》と氷の映徹性《ようてつせい》を観察することをもって浄土（地想観）を学ぼうと実験したことがありました。洗面器に水を入れて、ゴマ粒を落してみたり米粒から大豆と次々に水面に落してみたりしてその波紋（澄清性）を観察してみました。あるときは、塩水や泥水をマイナス二十度から二十五度に冷してその映徹性を観察したこともありました。なんだか空しくなってやめたことがあります。

次は第三項です。

第三項にあたる経文は、

『もし善男子《ぜんなんし》・善女人《ぜんにょにん》』にあたるのでしょうね。このように曖昧に申しますのは、善導さまの項目の立て方が、きっちりと経文と対比しながら解説されてはいないからです。この第三項は次の第四項とつながっているのです。この第三項の疏文は、

「重《かさ》ねて能《よ》く教《きょう》を行《ぎょう》ずるの機《き》を挙《あ》ぐることを明《あ》かす（七祖四九九頁）」です。

もともと「流通分」の第四段の趣意は「まさしく比校顕勝《ひきょうけんしょう》（比較して勝れていることを顕《あら》わす）して、人に勧めて奉行（実行）せしむること」にあったことは、学んだところです。換言すれば定善における観佛三昧と散善における称名念佛を比較し、勝れているほうを顕《あら》わすことでした。つまり観佛三昧と称名三昧の比校顕勝が第四段の主旨だったのですね。

そこで第一項から、ふりかえってみますと、第一項は「総じて定散二善の教えから、まず定善をあげて観佛三昧を説いたものであることを明かした」ものだと

いうことでした。そして第二項は「定善の観想によって阿弥陀佛と観音・勢至の二菩薩を見ることができた利益が説かれたことを明かした」ところだったのでした。

ところが第三項になりますと、あらためてここに『**もし善男子《ぜんなんし》・善女人《ぜんにょにん》**』という機が出て来たのです。第二項までは定善の観佛三昧の機だったのです。そして、その観佛三昧を要請したのは韋提希だったのでした。

ところが求道の機は定善ばかりではないのでしたね。人間は千差万別なんだけど、求道の機を挙げれば二種しかない、定善の機と散善の機の二種しかないわけです。第一項と第二項のみでは、散善の機は除外されているわけです。散善が除外されたら万人の救済にはならない、そこに「佛の自開」として散善が説かれることになるのです。

だから「重ねて」なのです。しかし「重ねて」といいましても、第一項と第二項の観佛三昧の人と「別に」ということではないのでしょう。第一項と第二項の人びとにも「重ねて」佛陀釈尊の自開の散善の教えが開かれてくる、それが「重ねて能く教えを行ずるの機を挙ぐることを明かす」という疏文の解説です。「重ねて」が大事です。

これで第三項を終って第四項へ進みますが、以上学んでまいりましたことから、第二項と第三項のあいだには、散善の下・上（七祖四八九頁）と下・下（四九五頁）に善導さまの「教を転じて」という疏文があることを注意しておきたいと思います。そこには定善の観佛三昧から称名の念佛への転換があるのです。

第四項へまいりましょう。

経文は『**ただ佛名《ぶつみょう》・二菩薩《にぼさつ》名《みょう》を聞《き》くだに、無量劫《むりょうこう》の生死《しょうじ》の罪《つみ》を除《のぞ》く。いかにいはんや憶念《おくねん》せんをや**』です。

善導さまの疏文は「まさしく比校顕勝《ひきょうけんしょう》して、ただ三身《しん》の号《みな》を聞《き》くすらなほ多《た》劫《こう》の罪愆《ざいけん》を滅《めっ》す。いかにいはんや正念《しょうねん》に帰依《きえ》して証《しょう》を獲《え》ざらんやということを明《あ》かす（七祖四九九頁）」とあります。

この経文は、前の『善男子《ぜんなんし》・善女人《ぜんにょにん》』に続くものですから、『善男子・善女人』が、いわゆる主語にあたるわけですね。つまり佛法に志のある人々であります。その善男子・善女人が無量寿佛・観世音菩薩・大勢至菩薩のお名前を聞いただけでも、『**無量劫《むりょうこう》の生《しょう》・老《ろう》・病《びょう》・死《し》の罪《つみ》を除《のぞ》く**』と申されるのです。名は体をあらわすのみでなくその用《はたら》きをもあらわすわけですから、本当に自分自身の『**生・老・病・死の罪**』を日々の暮しのなかで感じ、なんとも申し訳もないことと悩み悲しんでおられる人々にとってみれば、それはもう、かけがえのない事実として実感されるものにちがいありません。佛・二菩薩の名をきくだけでですよ。昔からこの三身の名が、どれほど人々に安堵の心を与えてきたことでありましょう。

十数年も前でしたか、若い夫婦に赤ちゃんが生れたのですが、生れたときから肝臓に欠陥があり、このままだと一年はもつまいと医者に云われて、あちこちの病院をたずねた夫婦がありました。雑誌で読んだ実話でしたけどね。やっと島根の大きな病院で肝臓移植を受けることになったのです。その大病院では、小児科はもちろんのこと外科や内科の先生方がチームを作り、臓器の提供者（ドナーといいますね）を探すことから始まりました。まず両親がドナーになったのですが提供不適当と判断されました。そして結局、父親の弟さんが選ばれ、早速手術室の隣に入院され、移植手術が始ったのです。弟さんの肝臓の何分の一かが切除され、隣室の赤ちゃんに長い時間がかかって移植は成功したのです。しかしチームの先生方の表情はきびしかったと書かれていました。赤ちゃんはみるみる元気になりました。しかし数週間すぎたころから、拒絶反応がでてきて二百日あまりの懸命なチームの努力もむなしく遂に赤ちゃんの心臓は止まってしまったのです。

「やっぱり駄目だったのか」「せっかく弟さんの肝臓まで提供されたのに無駄だったのか」と親戚の人びとは悲歎にくれました。しかし、母親の言葉はちがっていました。

「お医者さまや義弟さんのおかげで、あの子は二百八十六日も命をいただいたのです。そして私たち夫婦にとって何よりも嬉しかったのは、私たちに〝アァチャン〞と言ってくれたことでした。二百八十六日も生きてくれたおかげで〝アァチャン〞という、かけがえのない親の名を私たち夫婦に届けてくれたのです。私たち夫婦は〝アァチャン〞という私たちの名を一生忘れずに生きてゆきます」と。

名まえほど不思議なものはありません。名まえが若夫婦の生きるいのち、いのちになったのです。生きてゆくかぎり**『生・（老・病）死の罪』**が尽きることはありません。ただひとつ、その罪障に答えて、その罪障を除いてくれるのは名前です。戦争で死んでゆく兵隊が最後にさけぶ言葉は「おかぁさん」であり妻や恋人の名前だったと聞いております。「プライベート・ライアン」というアメリカの戦争映画でも死んでゆくアメリカ兵士の最後の言葉は、「ママァ、ママァ」でした。どうも「おかぁさん」「ママァ」は万国共通のようだなと、そのとき思ったことです。

『いかにいはんや憶念《おくねん》せんをや』です。もはや解説の必要もないですね。善導さまは、これを解説されて「いかにいはんや正念に帰依して証を獲ざらんや」といわれています。**『憶念』**とは「正念帰依」ということですね。

「憶」も「念持」も「忘れない」ということです。「正念」は二河の譬喩で申されるように西方浄土から聞こえてくる阿弥陀佛の声がありましたね。「汝、一心に正念にして直ちに来たれ、我れよく汝を護らん」と。この本願勅令の声が、南無阿弥陀佛でしょ。「正念帰依」とは南無阿弥陀佛を憶念して申せよということではないですか。この「正念帰依」の善導さまの解説が、後世わが国の法然さまに伝統されて観念の念佛を廃して、称名の念佛を立てるという「廃立」の源流といいますか基定になっていると思います。

第五段に移ってまいりましょう。

経文は、

『(五)①②若《も》し念佛《ねんぶつ》する者《もの》は、当《まさ》に知《し》るべし。③此《こ》の人《ひと》は是《こ》れ人中《にんちゅう》の分陀利《ふんだり》華《け》なり。④観世音菩薩《かんぜおんぼさつ》・大勢至菩薩《だいせいしぼさつ》、その勝友《しょうう》となる。⑤当《まさ》に道場《どうじょう》に坐《ざ》し諸佛《しょぶつ》の家《いえ》に生《しょう》ずべし(註釈版一一七頁)』

この第五段を善導さまは五項に分けて解説されていますので読んでみましょう。まず、この第五段の大意を次のように解説されています。「まさしく念佛三昧《ねんぶつざんまい》の功能超絶《くのうちょうぜつ》して実《じつ》に雑善《ぞうぜん》をもって比類《ひるい》となすことを得《う》るにあらざることを顕《あらわ》わす(七祖四九九頁)」と申されています。つまり念佛三昧も功徳・利益が、前の段から容易に出てくるわけです。念佛以外の雑行雑善《ぞうぎょうぞうぜん》と比較して勝れているというより「超絶」していると云い、「比類となすことを得るにあらざることを顕わす」と申されるのですから「念佛三昧の功徳」は他のいかなる功徳と比校しても顕勝なんてできるものではないと、念佛三昧の利益の超絶性を、まずもって述べられているのです。さきの第四段では、念佛三昧と観佛三昧を比校し顕勝したのですが、この第五段になりますと、比校顕勝する必要すらないとまで云い切ってあるのです。

法然さまの『選択本願念佛集』は、浄土門佛教の立教開宗の書でありますが、その冒頭の標挙《ひょうこ》の文が「南無阿弥陀仏《なもあみだぶつ》・往生《おうじょう》の業《ごう》には念佛《ねんぶつ》を本《ほん》（先《さき》）となす（七祖一一八三頁）」とあります。この「本」です。流転の人生の道から「往生極楽の道（註釈版八三二頁・歎異抄第二条）」へと転ずるのは、「南無阿弥陀佛」即ち念佛をもって「往生の業」の「本」とする、基本とする。根本とする。他はすべて雑行であり助業である。法然さまは『選択本願念佛集』を閉じるにあたり、有名な「三選の文」をもって念佛こそが「出離《しゅつり》の縁《えん》、有《あ》ること無《な》き（七祖四五七頁）」身を転じて「往生極楽《おうじょうごくらく》の道《みち》」を歩む身に変革してゆく、新しく誕生してゆくのです。まさに「本願を信受するは前念に命が終ることであり、即得往生は後念に新生する（註釈版五〇九頁・意)」することであります。

ここに法然さまの「三選の文」を引用しておきましょう。七祖篇一二八五頁です。

「はかりみれば、それすみやかに生死《しょうじ》を離《はな》れんと欲《おも》はば、二種《しゅ》の勝法《しょうほう》のなかに、しばらく聖道門《しょうどうもん》を閣《さしお》きて選《えら》びて浄土門《じょうどもん》に入《い》るべし。

浄土門《じょうどもん》に入《い》らんと欲《おも》はば、正雑《しょうぞう》二行《ぎょう》のなかに、しばらくもろもろの雑行《ぞうぎょう》を抛《なげす》てて選《えら》びて正行《しょうぎょう》に帰《き》すべし。

正行《しょうぎょう》を修《しゅ》せんと欲《おも》はば、正助《しょうじょ》二業《ごう》のなかに、なほ助業《じょごう》を傍《かたわ》らにして選《えら》びて正定《しょうじょう》をもつぱらにすべし。正定《しょうじょう》の業《ごう》とは、すなはちこれ仏名《ぶつみょう》を称《しょう》するなり。名《みな》を称《しょう》すれば、かならず生《しょう》ずることを得《う》。仏《ぶつ》の本願《ほんがん》によるがゆゑなり。」と。

聖道門を閣《さしお》きて浄土門に入ることが第一の選択《せんじゃく》。雑行を抛《なげす》てて正行(読誦《どくじゅ》・観察《かんざつ》・礼拝《らいはい》・称名《しょうみょう》・讃嘆供養《さんだんくよう》の五正行)に帰することが第二の選択。助行(読誦・観察・礼拝・讃嘆供養の四助行)を傍《かたはら》にして正定を専《もっぱ》らにすることが第三の選択。正定の業とは前三(読誦・観察・礼拝)後一(讃嘆供養)を選んで第四番めの佛の名を称《とな》うること、すなわち称名《しょうみょう》のこと。称名はかならず「往生極楽の道」に生《うま》れ、生《い》きてゆく道となること。なぜといえば、称名の生活こそ阿弥陀佛の本願だからです。

かくして称名は「往生極楽の道」のスタートであり、この娑婆世界の命が果つるときが「往生極楽の道」のゴールであります。歎異抄で云いますと「弥陀の誓願不思議にたすけまゐらせて、往生をばとぐるなりと信じて念佛申さんとおもひたつこころのおこるとき（註釈版八三二頁）」が「往生極楽の道」の始まりであり、「なごりをしくおもへども、娑婆の縁尽きて、ちからなくしてをはるとき（同八三七頁）」が往生のゴールであり、成佛なのであります。だから、この歎異抄の言葉は続いて「かの土（浄土）へはまゐるべきなり」であります。

その点から云いましても従来申されてきた「往生即成佛」という宗学のフレーズは、往生の意義を成佛の一点に限定してしまうことから賛成できないものといわねばなりません。

以上で第五段の大意は終るのですが、善導さまは、念佛三昧の功徳が他の諸善と比較にもならないことが、次に五項にわたって讃嘆されてゆくのです。

分陀利華

第一項は「専《もっぱ》ら弥陀佛《みだぶつ》の名《みな》を念《ねん》ずることを明《あ》かす（七祖四九九頁）」ですね。この解説に該当する経文は『**若《も》し念佛《ねんぶつ》する者《もの》は…**』でしょう。ここに「専ら」という解説があることが念佛三昧ということを明確にあらわしているのです。もちろん、下・上でも『**智者《ちしゃ》また教《おし》へて合掌《がっしょう》・叉手《しゃしゅ》して南無阿弥陀佛《なもあみだぶつ》を称《しょう》せむ**（註釈版一一三頁）』とありますし、下・下にも『**十念《じゅうねん》を具足《ぐそく》して南無阿弥陀佛《なもあみだぶつ》と称《しょう》せしむ**（註釈版一一五頁）』とあることですが、「専ら弥陀の名を念ずる」という念佛三昧がでてくるのは始めてです。「専ら」が「三昧」をあらわしているのですね。もちろん、われわれ人間にとって「専ら」ということはありえないことです。「常に」
ということもありえないことです。

『浄土和讃』の冒頭で、親鸞さまは、

　弥陀《みだ》の名号《みょうごう》となへつつ
　信心《しんじん》まことにうるひとは
　憶念《おくねん》の心《しん》つねにして
　佛恩報《ぶっとんほう》ずるおもひあり（註釈版五五五頁）

とありますね。この場合の「つねに」を親鸞さまは『一念多念文意《いちねんたねんもんい》（註釈版六七七頁）』のなかで「常《つね》」は「恒」の意味であることといただいてあります。「いまつねにといふは、たえぬこころなり、をりにしたがうて、ときどきもねがへといふなり。いまつねといふは、常《じょう》の義《ぎ》にはあらず。常《じょう》といふは、つねなること、ひまなかれといふこころなり」と。

「専ら」を「常に」というのは如来の側から云うことのできる言葉であって、

人間の側から「専ら」というのは、如来の側から「常に」念持されている現実にめざめて「をりにしたがうて、ときどきねが」ふ事実を表現されたものでありましょう。曽我量深師は「念佛とは佛念のことだ」と申されました。「常に」は如来に付き、「恒に」は機に付くのが「念佛三昧」であります。

第二項は「能念《のうねん》の人《ひと》を指讃《しさん》することを明《あ》かす」です。「能念の人」とは恒に念佛三昧にある人を如来が讃嘆されるのです。

第三項は「もしよく相続《そうぞく》して念佛《ねんぶつ》するものは、この人《ひと》、はなはだ希有《けう》なりとなす」です。

第一項の「専ら」は、第二項では「指讃」となり、第三項では「相続」となってくるわけです。そして「この人は、はなはだ希有なりとなす。」「希有」という言葉については欄外に、「きわめてまれであること」と解釈されています。しかし字の通りに読めば希《まれ》には有《あ》るということですね。もっと突っこんで云うなら不可思議な人だと。このような人が出てくるのは思議することができないことだといってよいのでしょう。人知でもって、はかり知ることができない人だといってもよい。

第三項は続けて「さらに物《もの》としてもつて方《なら》ぶべきなし。ゆゑに分陀利《ふんだり》を引《ひ》きて喩《たと》へとなすことを明《あ》かす」と云われています。分陀利《ふんだり》とは分陀利華《ふんだりけ》のことですから、白蓮華《びゃくれんげ》のことです。「しらはちす」ですね。Pundarika《プンダリカ》の音写です。「はなはだ希有な人」を分陀利華をもって喩《たと》えたのです。善導さまは続けて「〝分陀利《ふんだり》〟といふは、人中《にんちゅう》の好華《こうけ》と名《な》づけ、また希有華《けうけ》と名《な》づけ、また人中《にんちゅう》の上上華《じょうじょうけ》と名《な》づけ、また人中《にんちゅう》の妙好華《みょうこうけ》と名《な》づく。この華相伝《はなそうでん》して蔡華《さいけ》と名《な》づくる、これなり」まあ、しつこいほどに別名をならべて念佛三昧の人を賞讃されています。「蔡華《さいけ》」というのは欄外にありますように「千葉《せんよう》の白蓮華のこと。蔡は白亀の意で、聖人が世に出現するとき、白亀が千葉の白蓮華に乗って現れるという言い伝えがある」と注釈されています。千葉《せんよう》ですから一本の白蓮華に千枚の華びらがあるのでしょう。まさに希有な華をもって念佛する人を讃えてあるのです。

そして更に善導さまは、「若《も》し念佛《ねんぶつ》するものは、即《すなは》ちこれ人中《にんちゅう》の好人《こうにん》なり、人中《にんちゅう》の妙好人《みょうこうにん》なり、人中《にんちゅう》の上上人《じょうじょうにん》なり、人中《にんちゅう》の希有人《けうにん》なり、人中《にんちゅう》の最勝人《さいしょうにん》なり」と、あらためて五種の嘉誉《ほまれ》をもって讃嘆なさるのです。

第四項の経文は『観世音菩薩《かんぜおんぼさつ》・大勢至菩薩《だいせいしぼさつ》、その勝友《しょうう》となる（註釈版一一七頁）』というところですね。疏文は「専《もっぱ》ら弥陀《みだ》の名《みな》を念《ねん》ずるものは即《すなは》ち観音《かんのん》・勢至《せいし》、常《つね》に随《したが》ひて影護《ようご》したまふこと、また親友知識《しんぬちしき》のごとくなることを明《あ》かす（七祖五〇〇頁）」と申されています。

もはや解説の必要もありますまい。『勝友《しょうう》』を疏文では「親友知識」と云われています。よき師でありよき友であります。たまわるのは、つねに初心です。親友知識こそが、埋れ火となって潰《つい》え去ってしまわんとする初心を掘りおこしてくれるのです。わが親友知識は「わが若き日の初心は老いてしまった。よしさらば老後の初心でいいではないか。にわかに大真面目になるのは齢《とし》をとったしるしだと人はいう。苦笑せざるをえぬ。ならば、苦笑の初心でいいではないか」と。親友知識を給ったことのありがたさを、七十七歳にしてしみじみ思います。

第五項の経文は**『まさに道場《どうじょう》に坐《ざ》し、諸佛《しょぶつ》の《はるか》家《え》に生《しょう》ずべし、と**（註釈版一一七頁）』です。

疏文は「今生《こんじょう》にすでにこの益《やく》を蒙《こうむ》りて、捨命《しゃみょう》して即《すなは》ち諸佛《しょぶつ》の家《いえ》に入《い》ることを明《あ》かす。即《すなは》ち浄土《じょうど》、是《こ》れなり。彼《かしこ》に到《いた》りて長時《じょうじ》に法《ほう》を聞《き》き、歴事供養《りゃくじくよう》して、（成佛の）因円《いんまど》かに果満《かまん》ず。道場《どうじょう》の座《ざ》、あに賒ならんや（七祖五〇〇頁）」です。賒《はるか》は音はシャ。遙・遠・長い・久しい。

やっと出て来ましたね。この観無量《はるか》寿経の「散善顕行縁」のところで、佛陀釈尊の最初のお言葉、それが『**…その時世尊《ときせそん》、韋提希《いだいけ》に告《つ》げたまはく「汝《なんぢ》、今《いま》知《し》れりやいなや。阿弥陀佛《あみだぶつ》、此《ここ》を去《さ》ること遠《とお》からず**」（註釈版九一頁）』だったこと。この経文は、ずっと観無量寿経が説かれて行って「流通分」までを貫いて出てきた善導さまの領解が「道場の座、あに賒ならんや」だったのです。『**諸佛の家**』『**道場**』「彼《かしこ》」「道場の座」と言葉はちがっていますが、西方浄土のことですね。われら念佛に縁あるものの生れゆく世界です。成佛は命終のときに給わるのです。妙果といわれる「さとり」は浄土に生じて頂戴するのです。われら念佛者の日々は往生極楽の道路です。娑婆に生きて浄土に生れゆくのが、念佛申すわれらの存在です。浄土に生じて、「因、円かに」成佛の果を給わるのです。娑婆における生《い》き様《ざま》が如何にあろうとも、捨命のとき即ち成佛の果が満足するのです。今生においては如来の誓願成就せることにおいて摂取不捨の利益にあずかり、現生において正定聚《しょうじょうじゅ》（まさしく浄土に往生して成佛の果をいただく聚《ともがら》の仲間）に定《さだ》めさしていただくのです。

浄土に生れたら、生れっぱなしではないのです。「長時に聞法し、歴事供養《りゃくじくよう》（処々を経《へ》めぐって諸佛・菩薩に事《つか》え供養すること）す」還相の菩薩となるのです。それが成佛という文言の内容なのです。これで第五段を終りますが、川上清吉師作詩、山田籍作作曲による『分陀利華』を歌って終りにしたいと思います。川上清吉師は敗戦直後、佐賀師範学校に度々来講されていましたので、佐高の佛教青年会員も聴講に行っていて親しくさせていただいたかたでした。はや六十年ちかい昔のことです。

ふんだりけ

一、よしあしの　はざまをまよひ（善悪・間）
よりどなき　ただびとすらや（寄処・凡夫）
みほとけの　ちかひをきけば（誓ひ）

二、おほひなる　みむねをうけて（御旨）
うつしよの　にごりゐにさく（浮世・濁江）
かぐはしき　しらはちすかも（白蓮華）

三、よのひとの　うえにすぐれて（世の人）
うへもなき　ひとたたえむ（讃えむ）
みほとけは　かくこそはのれ（言《の》れ）

即是持無量寿佛名

第六段は、度々引用してまいりました有名な経文です。『佛《ぶつ》、阿難《あなん》に告《つ》げたまはく、「汝《なんぢ》、好《よ》く是《こ》の語《ご》を持《たも》て。是《こ》の語《ご》を持《たも》てといふは、即《すなは》ち是《こ》れ無量寿佛《むりょうじゅぶつ》の名《みな》を持《たも》てとなり」と（註釈版一一七頁）』

白文にしますと『佛告阿難《ぶつごうあなん》、汝好持是語《にょこうじぜご》、持是語者《じぜごしゃ》、即是持無量寿仏名《そくぜじむりょうじゅぶつみょう》』となります。

疏文は、「『佛告阿難《ぶつごうあなん》、汝好持是語《にょこうじぜご》』より以下《いげ》は、正《まさ》しく弥陀名号《みだみょうごう》を付属《ふぞく》して遐代《かだい》に流通《るずう》せしめたまふことを明《あ》かす。上来定散両門《じょうらいじょうさんりょうもん》の益《やく》を説《と》くと雖《いへど》も、佛《ぶつ》の本願《ほんがん》に望《のぞ》むるに、意《こころ》、衆生《しゅじょう》をして一向《こう》に専《もっぱ》ら弥陀佛《みだぶつ》の名《みな》を称《しょう》せしむるにあり（七祖五〇〇頁）」です。

流通文はご承知のとおり、七段にわたって善導さまは解説してくださっているのですが、はじまりの第一段にありますように、定散二善を説き終えた佛陀釈尊にむかって、伝持者である阿難が、それまでの定善・散善の説法について、第一にそのお経の名称をどのように名づけたらよいのかと云うことと、第二にこの法の要《かなめ》をどのように受持したらよいかという問から始っていたわけです。

それに答えて佛陀釈尊は、第二段でお経の名を二通《ふたとお》り教えますね。

そして阿難の第二の問である、「法の要《かなめ》をどのように受持したらよいのか」については、**『汝《なんぢ》、まさに受持《じゅじ》すべし。忘失《もうしつ》せしむることなかれ』**という覚者・佛陀のきびしい答であったわけです。たったこれだけの経文を善導さまは第三段としてあるのです。さきほどもこれを佛陀釈尊の命令だと申してきました。せっかく大事な阿難の問をそのまま答になさる佛陀釈尊のお言葉に何だか冷めたい感じが残ったものでした。

ところが、この有名な第六段に来ましてから、佛陀釈尊のお言葉は、再び**『汝《なんぢ》、好《よ》く是《こ》の語《ご》を持《たも》て』**でしょ。**『持《たも》て』**とは言いかえるなら第三段の**『汝《なんぢ》、まさに受持《じゅじ》すべし』**と同じことですね。なぜ、第三段で語調を強めて、**『受持《じゅじ》すべし』**

と命令されたのか、第六段まで来れば領解できますね。その間には、『(四)「この三昧《さんまい》を行《ぎょう》ずる者《もの》は、現身《げんしん》に無量寿佛《むりょうじゅぶつ》および二大士《にだいじ》を見《み》ることを得《う》。もし善男《ぜんなん》子《し》・善女人《ぜんにょにん》、ただ佛名《ぶつみょう》・二菩薩名《にぼさつみょう》を聞《き》くだに、無量劫《むりょうこう》の生死《しょうじ》の罪《つみ》を除《のぞ》く。いかにいはんや憶念《おくねん》せんをや。(五)もし念佛《ねんぶつ》するものは、まさに知《し》るべし、この人《ひと》はこれ人中《にんちゅう》の分陀利華《ふんだりけ》なり。観世音菩薩《かんぜおんぼさつ》、大勢至菩薩《だいせいしぼさつ》、その勝友《しょうう》となる。まさに道場《どうじょう》に坐《ざ》し諸佛《しょぶつ》の家《いえ》に生《しょう》ずべし」と』という第四段と第五段の経文があるのですよ。

ここまで説かれてから始めて『法の要《かなめ》』が何であったのか、そして『いかんが受持すべき』であるべきかが、阿難には充分に納得できたのです。これで第五段が終ります。

そこで第六段の佛陀釈尊の言葉が、また伝持者・阿難に向っての『汝《なんぢ》、よくこの語《ご》を持《たも》て……』のお言葉だったのです。第三段の冒頭の『汝』と第六段の『汝』は、ともに阿難への『汝』であることは言うまでもありません。そして、その間には『**善男子・善女人**』を契機として、下・上には「智者《ちしゃ》教《きょう》を転《てん》じて、弥陀《みだ》の号《みな》を称念《しょうねん》せしむること（七祖四八九頁）」があり、下・下には「善友《ぜんぬ》（善知識）苦《くる》しみて失念《しつねん》すと知《し》りて、教《きょう》を転《てん》じて口《くち》に弥陀《みだ》の名号《みょうごう》を称《しょう》せしむること（七祖四九五頁）」があるのです。

ここで阿難の『**いかんが受持《じゅじ》すべき**』の問に、佛陀釈尊の答は『**無量寿佛《むりょうじゅぶつ》の名《みな》を持《たも》てとなり**』だったのであります。この答こそが王舎城の事件をぐって佛陀釈尊のみ教えの要《かなめ》であったのです。善導さまの疏文の意味もよくご理解いただけるのではないでしょうか。

それは「まさしく南無阿弥陀佛の名号を阿難に授けて、遠く末代にまで伝え流通せしめることを明かされたのである。これまで王舎城の悲劇以来、定善・散善の法門を説かれてきたけれども、阿弥陀如来の本願によって望めてみれば佛陀釈尊のご本意は、衆生をして一向ひとすじに、ひたすら阿弥陀佛の名《みな》を称《とな》えさせることにあったのである」という意味になりましょう。諸善万行を廃して、念佛の一行を立てたといわれる善導から法然へと伝統される廃立の教学の歴史の決定は、まさにここにおいて成就されたというべきでありましょう。さらに善導大師をして「古今楷定《ここんかいじょう》」の祖師といわれる意味もここにもあったということは明らかなことです。

第三講

王宮の流通

お早うございます。早速ですが第七段です。

経文は『**佛《ぶつ》、この語《ご》を説《と》きたまふ時《とき》、尊者目犍連《そんじゃもくけんれん》・阿難《あなん》および韋提希等《いだいけとう》、佛《ぶつ》の所説《しょせつ》を聞《き》きて皆大《みなおお》いに歓喜《かんぎ》す**（註釈版一一七頁）』です。

疏文は「『**佛説此語時《ぶっせつしごじ》**』より以下《いげ》は、まさしく能請《のうしょう》（韋提希）能伝《のうでん》（阿難）等《とう》の、いまだ聞《き》かざるところを聞《き》き、いまだ見《み》ざるところを見《み》、たまたま甘露《かんろ》を餐《さん》して、喜躍《きやく》してもって自ら勝《た》ふることなきを明《あ》かす。上来《じょうらい》七句《く》（段）の不同《ちがい》ありといへども、広《ひろ》く王宮《おうぐ》の流通分《るずうぶん》を解《げ》しをはりぬ（七祖五〇〇頁）」と。

「甘露を餐《さん》して、喜躍《きやく》してもって自ら勝《た》ふることなきを明かす」というのは、佛陀釈尊の教説を「甘露《かんろ》＝amrta・阿密哩多《アミリタ》。不死・天酒と訳す」にたとえたもの。

餐＝味あう。いただく意。喜躍＝躍りあがるほどに喜ぶこと。如来の教法をいただだいて、その喜びに耐えることができないような歓喜を得たということを明かしたところだというわけです。

目犍連《もっけんれん》は佛弟子のひとりで、目連《もくれん》尊者の名で有名です。ずっと以前、「厭苦縁《えんくえん》」のところで韋提希が目連と阿難に来てほしいと願ったところ、空から王舎城の韋提希ところへ飛んできた、そして佛陀釈尊は耆闍崛山から姿を消して王宮に来られたところがありましたでしょ。佛陀釈尊の左に目連が右に阿難が侍《はべ》っていたのでした。あれ以来、王舎城での「流通分《るずうぶん》」が終るまで目連は、ずっと王舎城で釈尊のそばに居たのです。阿難は佛説の伝持者ですので、その名は何回となく出てきますが、目連はここまで一度も名をよばれることもなかったのでしたが居たのでした。まあ、あたりまえのことかも知れませんが、経典の厳格さはみごとですね。私なんかだったら忘れてしまうところです。

これで「流通分」を終るのですが、私がはじめて観無量寿経に出会ったとき、なぜこのようにくどくどと説かれたものか、なぜもっと直截《ちょくせつ》に無量寿佛の名《みな》を称えよと申されなかったのか、ということでした。だって相手は夫を自分の子から殺され、自分自身も殺されかけようとして、やっと命だけはとられずとも深い宮殿の奥に幽閉される身となった苦悩の韋提希だったのですからね。念佛申せよの一言でよかったのではないかと思ったのです。

しかし、王宮会を終った今、十余年にわたる群萌学舎のご縁をいただいたことの有難さを、しみじみ思わずにはおれないのです。これは金子大栄師も申されていることですが、「苦悩の衆生が対手なればこそ、いろいろな方面から、その悩みのとけるやうにとて、種々に善功方便して、お説きくだされたのである。それ故にまた経の終りに於て、無量寿佛の名を持《たも》てと付属せらるる思し召しも、ひとしお有難く思われます（観無量寿経講話四八九頁）」と申されていますことに深く同感するものであります。

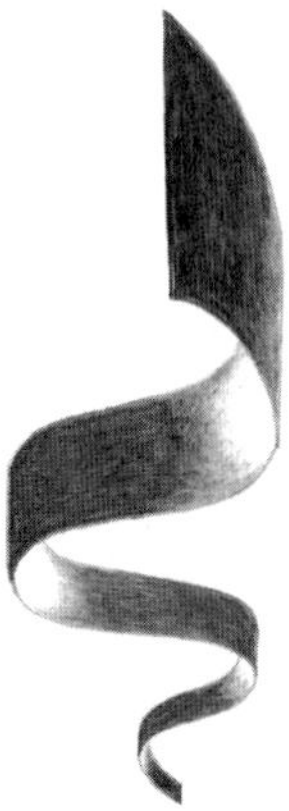

耆闍分

いよいよ最後の耆闍分です。前講でも学びましたように、「次《つぎ》に流通分《るずうぶん》を明《あ》かす。なかに二あり。一には王宮《おうぐ》の流通《るずう》を明《あ》かす。二には耆闍《ぎしゃ》の流通《るずう》を明《あ》かす（七祖四九八頁）」とありますように、観経には流通分が二つあるのです。王舎城における流通分があり、佛陀釈尊と阿難・目連が耆闍崛山にお帰りになってからの流通分であります。

しかしながら、二つの流通分があるといっても「耆闍の流通」に善導さまは、この「耆闍分」を三つに分けて「序分」「正宗分」「流通分」と分類されているのですから、この「耆闍分」もひとつの経典としての形をとっていると見られたのが善導さま独自の「耆闍分」の理解であるわけです。

だから善導さまは「玄義分」のところで、「『経』に〝佛説無量寿観経一巻〟とのたまへり」で始まります「釈名門」のところで、「一巻」というのは『観経』

一分は両会（王宮会と耆闍会）の正説なりといふといへども、総じてこの一を成す。ゆえに一巻と名づく（七祖三〇五頁）」と申されて、観経一巻には説かれる会所が二つある、つまり「両会」であることは肯定されつつも、流通することは「総じて一を成す」、『**即《すなは》ちこれ無量寿佛《むりょうじゅぶつ》の名《みな》を持《たも》てとなり**』ということなのですね。しかし、別して流通するに会所は二つあるということです。一経両会といわれる所以です。

「耆闍分」の経文を読んでまいりましょう。

『**（一）その時《とき》に世尊《せそん》、足虚空《みあしこくう》を歩《あゆ》みて耆闍崛山《ぎしゃくっせん》に還《かえ》りたまふ。（二）その時《とき》に阿難《あなん》、広《ひろ》く大衆《だいしゅ》のために、上《かみ》のごときの事《じ》を説《と》くに、（三）無量《むりょう》の諸天《しょてん》および竜《りゅう》・夜叉《やしゃ》、佛《ぶつ》の所説《しょせつ》を聞《き》きて、みな大《おお》きに歓喜《かんぎ》し、佛《ぶつ》を礼《らい》して退《しりぞ》きぬ**（註釈版一一七頁）』これが「耆闍分」といわれる経文です。

疏文を読んでおきましょう。

「耆闍会《ぎしゃえ》のなかにつきて、またその三あり。

（一）に『その時《とき》に世尊《せそん》』より以下《いげ》は、耆闍《ぎしゃ》の序分《じょぶん》を明《あ》かす。

（二）に『その時《とき》に阿難《あなん》』より以下《いげ》は耆闍《ぎしゃ》の正宗分《しょうしゅうぶん》を明《あ》かす。

（三）に『無量《むりょう》の諸天《しょてん》』より以下《いげ》は、耆闍《ぎしゃ》の流通分《るずうぶん》を明《あ》かす。上来《じょうらい》、三義《ぎ》の不同《どう》ありといえども、総《そう》じて耆闍分《ぎしゃぶん》を明《あ》かしをはりぬ（七祖五〇〇～五〇一頁）」です。

話が前にもどるようですが、なぜに善導さまは「耆闍分」と科文された経文を「耆闍の流通」とされたのか、観経が説かれたのが王宮と耆闍崛山であることは理解できる、「一経両会」であることはよくわかるのですが、「耆闍分」にまでも「耆闍の流通」と何故に言わねばならないのか、「流通分」は「流通分」として、科文されているわけですから、ここは「耆闍分」なり、「耆闍会」でよいのではないかと思うのです。

いろいろと考えてみたのですが、「流通分」の第六段にありましたように「まさしく弥陀の名号を付属して遐代《かだい》に流通せしたまふことを明かす」ためには「耆闍分」こそ「遐代に流通せしめ」る役割を持っているのではないかと思うのです。

「王宮の流通」だけでは王宮という限定された流通に終ってしまうのではないかとおもうのです。遐代とは欄外にもありますように「はるか後《のち》の世」のことです。だから科文としては「流通分」と「耆闍分」に分けてありますけれども、この両者は不可分の関係にあるといってよいのではないか。

まあ、適当な言葉が見つからないのですが特殊と普遍と云ったらどうでしょうか。

特殊と普遍

王宮でおきた悲劇は、佛陀釈尊も七十歳をすぎたころ、マガダ国におきた、いってみれば特殊な事件です。現代から云うなら二千五百年前にインドの大国の中でおきた、それも自分の子ども阿闍世によってビンバシャラ王が幽閉され殺害されるという事件ですから大事件であることはまちがいないところです。

しかし事件というのは、ひとつひとつ詳細に調べてみれば、その因と縁が全く同じであることはありえないわけですね。ですから因縁和合しての結果も同様に寸分違わぬということはありえないわけです。卑近な刑事事件をとりあげましても、引きおこされた原因やまわりの環境・情況や被告自身の成育の歴史等が勘案されまして結果としての刑罰に差別が生じてくるのは当然のことですから、人生におきる事件の因縁果は、すべて千差万別、つまり特殊であります。

そのことから申しまして、「王宮の流通」において韋提希は第七華座で、空中に住立したまう無量寿佛と二菩薩の光明があまりにも熾盛《しじょう》であったために具《つぶさ》に見ることはできなかったにしても、影現《ようげん》したまいし三尊は拝領することができ、三尊の立ちたもう華座をつぶさに観想することで、彼女は『**かくのごときの妙《みょう》華《け》は、これもと法蔵比丘《ほうぞうびく》の願力《がんりき》の所成《しょじょう》**（註釈版九九頁）』であって、この事実こそがわが『**苦悩《くのう》を除《のぞ》く法《ほう》**（註釈版九七頁）』であったと「得益分」で確認できたのです。すなわち『**廓然《かくねん》として大悟《だいご》して無生忍《むしょうにん》を得《え》たり**（註釈版一一六頁）』という「得益分」

の言葉は、韋堤希にとっては第七華座観における『**ときに韋堤希**《いだいけ》**、無量寿佛**《むりょうじゅぶつ》**を見**《み》**たてまつりをはりて、接足作礼**《せっそくさらい》**し**（註釈版九八頁）』たことができたことの確認だったのでした。

もちろん「王宮の流通」には、韋堤希ばかりでなく『**五百**《ごひゃく》**の侍女**《じにょ》**、阿耨多羅**《あのくたら》**三藐三菩提心**《さんみゃくさんぼだいしん》**を発**《おこ》**して、かの国**《くに》**に生**《しょう》**ぜんと願**《が》**ず**（註釈版一一六頁）』にまで及び、更らには『**無量**《むりょう》**の諸天**《しょてん》**、無上道心**《むじょうどうしん》**を発**《おこ》**せり**（註釈版仝頁）』にまでも及ぶのであります。

しかしながら、それが「王宮の流通」であるかぎりにおいては特殊であって、真の普遍性は持ち得ないのであります。王宮という限定されたところでの流通であります。いかに五百人の侍女や無量の諸天が無上道心を発して浄土往生を願ったとしても、それは王宮という囲《かこい》の中の流通なのです。やっぱり特殊の流通の域を出ないものです。

だからといって特殊である「王宮の流通」の価値を低く見てしまうのも肯定で

きないことは言うまでもないことです。なぜなら「王宮の流通」があったからこそ「耆闍の流通」が経文として成立したのです。しかし「王宮の流通」を明確に普遍化するためには「耆闍の流通」が必要不可欠であったのですね。

「耆闍分」は、一見したところ観経全体の流れから云って、とってつけた感なきにしもあらずのようであります。経典の三分法から云っても「序分」があり「正宗分」があり、「流通分」があり、更に加えるに「得益分」まであるのですから、殊さらに「耆闍分」まであるのは突飛というか、余計ではないかとも考えられるのであります。しかしながら、「耆闍分」があってこそ「序分」も「正宗分」も「流通分」も、さらには「得益分」も単に王舎城内における特殊な経典という枠を越えて、大乗経典であるという公性を持つことができたのです。まさに遐代《かだい》の群萌の救済にまで及ぶ大乗中の大乗としての位置を持つ経典となったのです。

普遍は特殊をくぐって普遍を獲得できるのです。歎異抄の文を使うなら、「弥《み》陀《だ》の五劫思惟《ごこうしゆい》の願《がん》をよくよく案《あん》ずれば、ひとへに親鸞一人《しんらんいちにん》がためなりけり（註釈版八五三頁）」です。「親鸞一人」という特殊をくぐって「弥陀の五劫思惟の願」は普遍を獲得するのです。と共に十方衆生にかけられた「五劫思惟の願」あればこそ、愚禿「親鸞一人」の救済が成就するのです。

まあ、気付くままに申してきましたが、「耆闍分」というのは、単なる付け出しとか、添え物としてあるものではなく、観無量寿経が大乗経典中の大乗であることを明らかにしているものであることを確認しておきたいと思います。

これで「耆闍分」の観経中に占めます意味といいますか、意義ですね。それを終りまして経文と疏文に移ってまいります。

足、虚空を歩みて

読みましたとおり、善導さまは経典の三分法を採って、序分・正宗分・流通分としてあります。善導さまが観経を一経両会の経典であると申されるとおりです。

一つは王宮会であり二つは耆闍会です。

しかし三分法を採ってはありますが、耆闍会についての解説は全くありません。ただ経文を三つに分けておられるだけです。そして最後に「上来、三義の不同ありといえども、総じて耆闍分を明かしをはりぬ」と云われているだけで終っているのです。なんだか拍子ぬけしたというか、はぐらかされた感があります。とにかくも直接経文にあたってみましょう。まず、耆闍会の序分です。

『その時《とき》に世尊《せそん》、足《みあし》虚空《こくう》を歩《あゆ》みて耆闍崛山《ぎしゃくっせん》に還《かえ》りたまふ』これが序分です。

これを読んで、すぐに思い出されるのは「厭苦縁」での佛陀釈尊の王宮への出向の様子とのちがいですね。韋提希が『**深宮《じんぐ》に閉置《へいち》**（註釈版八九頁）』されてしまい『**愁憂《しゅうう》憔悴《しょうすい》す。はるかに耆闍崛山《ぎしゃくっせん》に向《む》かひて、礼《らい》をなして**（註釈版八九頁）』申し上げるところがありました。「佛陀釈尊に弟子の阿難と目連を慰問してほしい、佛陀釈尊に御来駕を願うのはもったいないから…」と、さめざめ泣いたのでした。**『そのとき世尊《せそん》、耆闍崛山《ぎしゃくっせん》にましまして、韋提希《いだいけ》の心《こころ》の所念《しょねん》を知《し》ろしめして、**

即《すなは》ち大目犍連《だいもくけんれん》および阿難《あなん》に勅《ちょく》して空《そら》より来《きた》らしめ、佛《ぶつ》、耆闍崛山《ぎしゃくっせん》より没《もっ》して王《おう》宮《ぐ》に出《い》でたまふ（註釈版八九～九〇頁）』とあったでしょ。もはや学んだところですが『**心《こころ》の所念《しょねん》**』を善導さまは「夫人《ぶにん》の心念《しんねん》の意《こころ》（七祖三七〇頁）」と申されていることは注意すべきです。夫人の宗教心です。夫人の姿は『**愁憂憔悴《しゅううしょうすい》**』であり、『**悲《ひ》泣雨涙《きゅううるい》**（註釈版八九頁）』であり『**自絶瓔珞《じぜつようらく》**＝自ら瓔珞を断つ（註釈版九〇頁）』であり『**挙身投地《きょしんとうじ》**＝身を挙げて地に投げる（註釈版九〇頁）』であり『**号泣向佛《ごうきゅうこうぶつ》**＝号泣して佛に向う（註釈版九〇頁）』でありますから外見は見苦しいものですね。しかし、そのような姿こそ人間の心底にひそんでいる宗教心のあらわれです。「心念の意《こころ》」の表現です。それを知りたもう佛陀釈尊でしたから『**佛《ぶつ》、耆闍崛山《ぎしゃくっせん》より没《もっ》して王《おう》宮《ぐ》に出《い》でたもふ**（註釈版九〇頁）』たのです。目連と阿難はそうではなかったですね。佛陀釈尊の勅命によって、急遽、空中を飛んで王宮に来たのです。佛陀釈尊は『**耆闍崛山《ぎしゃくっせん》より没《もっ》して**』ですから地中にもぐったのか、急に消えてしまわれたのか、想像のほかにないのですが、何時の間にか居なくなられたのです。それも『**大比《だいび》**

丘衆千二百五十人《くしゅうせんにひゃくごじゅうにん》』と『菩薩三万二千《ぼさつさんまんにせん》ありき。文珠師利法王子《もんじゅしりほうおうじ》と上首《じょうしゅ》とせり（註釈版八七頁）』が集まられて説法中にですよ。学校で申しますなら多勢の生徒をほったらかして授業放棄したのと同じなのです。無責任の科《とが》は、まぬがれません。

もともと常識から云うなら、お釈迦さまは王子さまの時代、ヤショダラといわれる女性と結婚され、ラフラという子供まで生ませておきながら家庭というかカピラ城を捨てて、家出ではありませんが出家したのですから、無責任といわれても言訳できない方ですよ。世間の常識から云ったらですね。

話をもとにもどしますが、あえて佛陀釈尊を弁護しますなら、耆闍崛山でのお経の講義より、韋提希ひとりの「心念の意＝宗教心にめざめようとする意《こころ》」のほうが大事だったのです。講義であれば明日ということがありましょうが、事件は不意にやってくる、まったく「待ったなし」が事件なんです。極端に云うなら人生は事件にみちみちているというより事件が人生なんだと云ってもいいですね。それが、いま「浄那縁熟《じょうほうえんじゅく》して、調達《ちょうだつ》（提婆達多のこと）、闍世《じゃせ》（阿闍世のこと）をして逆害《ぎゃくがい》を興《こう》ぜしむ（註釈版一三二頁）」ということなんですね。提婆達多にそそのかされて阿闍世がビンバシャラ王を殺すという悲劇が、浄土の教えをこの世に興こす縁となって顕《あきら》かとなり、「浄土の教えをいただく機（韋提希ですね）」が彰《あら》われて、佛陀釈尊は彼女をして『**極楽世界《ごくらくせかい》の阿弥陀佛《あみだぶつ》の所《みもと》に生《しょう》ぜんことを楽《ねが》ふ**（註釈版九一頁）』こととなったのです。

だから「没出《もっしゅつ》」なんです。耆闍崛山を没して王舎城にお出でになったのです。僧侶たち千二百五十人と菩薩三万二千人には黙ってお姿をかくしてしまわれた、みんな驚きもし不満な方々も居られたでしょ。しかし、それが事件の重さです。

佛陀釈尊にしてみれば、ようやく出世本懐の事件、まさに到来せりということですわ。このチャンスをのがしたら、なんのために六年余にわたり悟ることができた意義は無になってしまう、ここは三万三千二百五十人の僧侶や菩薩たちにはすまないが、すむもすまぬもない、この事件が万事解決すむまで待ってもらう他にないということだったにちがいないです。それが事件というものです。

でも、よう待ってくださったものですね。王舎城の事件がすむまで、どれくらい待たれたのかわかりませんが、よくぞ待っておられたもんだと思います。まあ、「耆闍会」では「序分」にあたるところは『**その時《とき》に世尊《せそん》、足虚空《みあしこくう》を歩《あゆ》みて耆闍崛山《ぎしゃくっせん》に還《かえ》りたまふ**』です。

没出とちがって、『**足虚空を歩みて**』ですから、まさに悠々と空を歩んで還られたといえますね。「親鸞一人がため」という歎異抄の言葉を使いますなら、「韋提希一人がため」という特殊の救済が万人の救済を保証するのです。特殊の救済をくぐって十方衆生の救済は成立するのです。また、普遍の救済が、特殊の救済を人類の歴史の上に、その真実を成就するのです。王舎城における限定された特殊の救済が普遍の救済である耆闍崛山の三万三千二百五十人の救済を成就するのだという佛陀釈尊の確信が、佛陀釈尊をして『**足虚空《みあしこくう》を歩《あゆ》みて耆闍崛山《ぎしゃくっせん》に還《かえ》りたまふ**』というお姿になったのです。

最初の耆闍崛山での集会から没して王宮会への出向のあわただしさと、最後の耆闍会にのぞまれる佛陀釈尊の悠然とした虚空の歩みのちがいを、ここでは読みとってほしいと思うことであります。

小智、疑いを懐く

ところが、佛陀釈尊が耆闍崛山から急に姿を没してしまわれたときに、釈尊に疑いを持った僧侶や菩薩たちが居たのだと善導さまは云われているのです。それは、この「耆闍分」が終って「結嘆《けったん》（七祖五〇一頁）」と科文されたところに出てくるのです。すこし長い疎文ですが読んでみます。

「竊《ひそか》に以《おもん》みれば、真宗《しんしゅう》遇《あ》ひ叵《がた》く、浄土《じょうど》の要《よう》逢《あ》ひ難《がた》し。（釈尊は）五趣《ごしゅ》（地獄・餓鬼・畜生・人・天の五悪趣）をして斉《ひと》しく（浄土に）生《しょう》ぜしめんと欲《ほっ》す。ここをもって勧《すす》めて後代《こうだい》に聞《き》かしむ。ただ如来《にょらい》の神《じん》（通）力転変無方《りきてんぺんむほう》（自由自在で定型が無いこと）なり。隠顕機《おんけんき》に随《したが》ひて王宮《おうぐ》にひそかに化《け》す（機のちがいによっては佛の姿が隠《かく》れたり顕われたりなさるので、このたびは王宮に没出されたことをいう）。ここにおいて耆闍《ぎしゃ》の聖衆《しょうじゅ》、小智《しょうち》疑《うたが》いを懐《いだ》く（七祖五〇一頁）」と申されているのです。

「よくぞ待っておられたもんだ」と云いましたが、そうではなかったのですね。善導さまも、佛陀釈尊が耆闍崛山から没してしまわれたとき疑いを持ったものがいたのだと云われているのです。「小智、疑いを懐く」といわれていますから、智慧の浅いものといったらいいのでしょうか、そういう者が居たのです。

殊に、没出されるときは、いつの間にか、あっという間に姿をかくされ、還っておいでになるときは悠然と一人満足足げに、虚空をゆったりと歩いてだったのですから、余計に疑いを懐《いだ》かれたにちがいないですね。まあ、世間の常識から云うなら、急いで帰ってこられて「待たせてすまなかったね」と申されるのが普通ではないですか。いかに佛陀釈尊と日頃尊敬している大比丘衆であり菩薩たちでも、疑いを懐くのは当然というものです。

善導さまは、この疏文に続けて申されています。「佛《ぶつ》（釈尊）、後《のち》に山《やま》（耆闍崛山）に還《かえ》りたまふに委況《いきょう》を闚《うかが》わず（七祖五〇一頁）」と。つまり山で待っていた聖者方は王舎城で、どんな事件がおこり、いかなる説法があったのかも、委細は知らなかったのです。何にも佛陀釈尊から、うかがうことはかなったわけです。「闚《うかが》う」という漢字は①ウカガう②こっそり見る③ねらうという意味がある文字です。佛陀釈尊は何も申されないのですから、小智のものが何があったのだろうと疑問を持つのはよく理解できることですね。王宮への没出から山へのご帰還まで、どのくらい時間がかかったのか解りませんが、佛の「神力転変《じんりきてんぺん》」が「無方《むほう》」であり、「隠顕《おんけん》、機《き》に随《したが》ひて王宮にひそかに（教）化」なさった佛陀釈尊のはたらきを、小智の者が領解できるはずもなかったのです。

伝持者・阿難

次は耆闍会での正宗分です。経文は**『その時《とき》に阿難《あなん》、広《ひろ》く大衆《だいしゅ》のために、上《かみ》の如《ごと》きの事《じ》を説《と》く**（註釈版一一七頁）』でしたね。

もはや申しましたように、善導さまは「耆闍分」では、この経文が「耆闍の正宗分を明かす」と云われているだけです。阿難は佛陀釈尊の説法を、しっかりと記憶して大衆に公開し敷衍《ふえん》し伝えるのが役割ですから、観経の始終を説いたのです。経文の言葉を使えば、大衆のために広説したのです。

さきの「結嘆《けったん》」の文には、

「時《とき》に阿難《あなん》、ために王宮《おうぐ》の化《け》、定散両門《じょうさんりょうもん》を宣《の》ぶ」と申されているだけです。この「定散両門を宣ぶ」という善導さまの説明には、不満が残りますね。阿難は『**広《ひろ》く大衆《だいしゅ》のために、上《かみ》の如《ごと》きの事《じ》を説《と》**』いたのでしょ。広説したのでしょ。もちろん

「定散両門を宣」べたのに相違はないにしても、「定散両門」を説くに至ったのには、王舎城の悲劇という事件があったわけです。「化前縁」「禁父縁」「禁母縁」「厭苦縁」「欣浄縁」「散善顕行縁」そして「定善示観縁」と七つの因縁があって「定散両門」が佛陀釈尊によって説かれて来たのであって、ただ「定散両門を宣」べただけでは、「定散両門を宣」べる必然性はないことになってしまうのではないでしょうか。

　更に、それだけではありません。「王宮会」では「定散両門を宣」べられたあと、その結果としての「得益分」そして「流通分」があって王舎城内における佛陀釈尊の教化は完結するわけですね。特に王舎城における「流通分」の『**汝《なんぢ》、よくこの語《ご》を持《たも》て。この語《ご》を持《たも》てといふは、即《すなは》ちこれ無量寿佛《むりょうじゅぶつ》の名《みな》を持《たも》てとなり**（註釈版一一七頁）』という佛陀釈尊による阿難への付属は、王舎城という特殊な場における限界はあったにしろ、この佛言を抜きにしては観無量寿経そのものが意味をなさなくなるのではないでしょうか。

　もちろん「定散両門」をもって「王宮の化」を代表させたのであって、「王宮会」

の「序分」「得益分」「流通分」をも含んでの「定散両門」なのであると領解すればいいのでしょうが、不親切のそしりはまぬがれないと思います。

つまり「王宮会の正宗分」より「耆闍会の正宗分」のほうが、ぐっと広いのですよ。「王宮会」の序分・正宗分・得益分・流通分まで含んでの「耆闍会の正宗分」だと領解したいのです。だから、耆闍会での正宗分では『**…広《ひろ》く大衆《だいしゅ》のために、上《かみ》のごときの事《じ》を説《と》く**』という経言があるのだと思います。『**事**』には佛陀釈尊の経言のみでなく、事件の叙述をも含んで、『**事**』なのでしょう。だから広説なんです。

無量の諸天・竜・夜叉

いよいよ最後の「耆闍会」の「流通分」になるのですが、重ねてその経文を読んでおきます。

『**無量《むりょう》の諸天《しょてん》および竜《りゅう》・夜叉《やしゃ》、佛《ぶつ》の所説《しょせつ》を聞《き》きて、みな大《おお》きに歓喜《かんぎ》し、佛《ぶつ》を礼《らい》して退《しりぞ》きぬ**（註釈版一一七頁）』です。

疏文は「耆闍《ぎしゃ》の流通分《るずうぶん》を明《あ》かす。上来三義《じょうらいさんぎ》の不同《ふどう》ありといへども、総《そう》じて耆《ぎ》闍分《しゃぶん》を明《あ》かしをはりぬ」で善導さまの観無量寿経の解説そのものは完っているのです。「結嘆」の文では「異衆《いしゅ》これによりて同《おな》じく聞《き》きて、奉行《ぶぎょう》し頂戴《ちょうだい》せざるはなし（七祖五〇一頁）」とあります。

ところで興味ぶかいのは、佛陀釈尊のご帰還を待ちのぞみ、阿難の敷衍《ふえん》を待っていたのは、善導さまが申される「異衆《いしゅ》」なんですね。『**無量《むりょう》の諸天《しょてん》および竜《りゅう》・夜叉《やしゃ》**』たちなんです。

耆闍崛山で待っていたのは、この経典の冒頭にいた『**大比丘衆千二百五十人《だいびくしゅせんにひゃくごじゅうにん》**』と『**文殊師利法王子《もんじゅしりほうおうじ》を上首《じょうしゅ》と**』する『**菩薩三万二千《ぼさつさんまんにせん》**』あわせて三万三千二百五十人だったわけでしょ。それなのにこの経典の最後に出てきますのは異衆たちであって、三万三千二百五十人ではないのです。

『竜』は竜神とも云い、竜神は竜天善神の略。佛法守護の竜衆および天衆と『佛教語大辞典＝中村元著』にありました。『夜叉』は竜神八部衆のひとつで、やっぱり佛法守護の神ですが、もともとはやさしく綺麗な容姿をしていたようです。時代がさがると共に日本では形貌醜怪《けいぼうしゅうかい》になり人を殺して喰ってしまうような変化《へんげ》となったようです。もともとインドに生れた神で、yakusa（ヤクサ）がもとの名です。ですから、竜も夜叉も神すなわち天であります。

比丘・菩薩はどこへ行ったのでしょうか。

高等学校や大学のころ、講義の時刻が来ても教授が十分か二十分も遅れると、喜んだり教授の悪口をいいながら勝手に教室を出ていったものでした。どちらかというと喜ぶもののほうが多かったですがね。皆さん方は、どちらでしたか。

本当に三万三千二百五十人の比丘や菩薩がたは、どこへ行ったのでしょうかね。私どもと同じようにエスケープしてしまわれたのでしょうか。それとも省略されたのでしょうか。『大無量寿経』の「流通分（註釈版八二頁）」には、たくさんの比丘や菩薩や声聞が出てまいりますし、『阿弥陀経』の流通分にも比丘・天・阿修羅等が出てまいりますのはご承知のところです。

その点から申しますと、浄土三部経の中でも、観経の「王宮の流通分」に出てくる五百人の侍女と目連・阿難・韋提希は当然のこととして、「耆闍の流通分」は、竜・夜叉をふくめて『**無量の諸天**』の名だけがあげてあるのは、いささか普通でなく珍しいですね。まあ、そのあと『**佛《ぶつ》の所説《しょせつ》を聞《き》きて、皆大《みなおお》きに歓喜《かんぎ》し、佛《ぶつ》を礼《らい》して退《しりぞ》きぬ**』とありますから三万三千二百五十人は、この『**皆**《みな》』に入っているのであると言うこともできるのかも知れませんがね。それにしても文脈からいって、この『**皆**』は『**無量の諸天および竜・夜叉**』にかかる言葉と読むのが自然と思われます。みなさんの考えを聴かせてください。

なぜ無量の諸天か

観無量寿経をふりかえって読誦してみますと「天」とつく言葉が十回以上でてまいります。たとえば『諸天《しょてん》の童子《どうじ》（註釈版九五頁・宝樹観）』『無量《むりょう》の諸天《しょてん》ありて天《てん》の伎楽《ぎがく》をなす（註釈版九七頁・宝楼観）』『諸天《しょてん》の宝幔《ほうまん》（註釈版一〇〇頁・像観）』『無量《むりょう》の諸天《しょてん》ありて、もって侍者《じしゃ》たり（註釈版一〇三頁・観音観）』『無数《むしゅ》の諸天《しょてん》・七宝《しっぽう》の宮殿《くでん》とともに（註釈版一〇八頁・上品上生）』『無量《むりょう》の諸天《しょてん》・無上道心《むじょうどうしん》を発《おこ》せり（註釈版一一六頁・得益分）』と耆闍分のそれです。あとは『梵天宮のごとし』『帝釈の瓶のごとし』というように『ごとし』のついたものは省《はぶ》きました。

実は、あえて除外した経文に、もう一つ、『釈《しゃく》・梵《ぼん》・護世《ごせ》の諸天《しょてん》、虚空《こくう》のなかにありてあまねく天華《てんげ》を雨《あめふ》らして、もって供養《くよう》したてまつる（註釈版九〇頁・厭苦縁）』があるのです。佛陀釈尊に韋提希が、深い宮殿の奥に閉じこめられて、目連と尊者阿難に慰問してほしいと、愁憂憔《しゅううしょう》悴《すい》して懇願するところがあったでしょ。そのとき佛陀釈尊は耆闍崛山で、ご説法の最中でした。

『そのとき世尊《せそん》、耆闍崛山《ぎしゃくっせん》にましまして、韋提希《いだいけ》の心《こころ》の所念《しょねん》を知《し》ろしめして、即《すなは》ち大目犍連《だいもくけんれん》および阿難《あなん》に勅《ちょく》して空《そら》より来《き》たらしめ、佛《ぶつ》、耆闍崛山《ぎしゃくっせん》より没《もっ》して王宮《おうぐ》に出《い》でたまふ（註釈版八九～九〇頁）**』**たのでした。このとき、すでに帝釈天や梵天そして護世の諸天である四天王たちが、空から天華《てんげ》を雨のように降らして佛陀釈尊の説法を聴こうと待ちかまえていたのです。

このところは、すでに学んだところですが、再度ふりかえって復習してみたいと思います。

このあとの経文の続きを読んでみましょう。

『時《とき》に韋提希《いだいけ》、礼《らい》し已《おは》りて頭《こうべ》を挙《あ》げ、世尊釈迦牟尼佛《せそんしゃかむにぶつ》を見《み》たてまつる。身《み》は紫《し》金色《こんじき》にして百宝《ひゃっぽう》の蓮華《れんげ》に坐《ざ》したまへり。目連《もくれん》は左《ひだり》に侍《はべ》り、阿難《あなん》は右《みぎ》にあり』（註釈版九〇頁）なのです。さきほどの諸天たちが天華を雨のように降らして供養していたという経文は、この経文に続けてでてくるのです。韋提希が佛陀釈尊と二人の弟子の姿を見たときには、もはや諸天がたのほうが、さきに来ていたのですよ。

諸天たちは、佛陀釈尊が山での説法から没してまで王宮においでになることは、今までになかったことである、これはただごとではない、きっと「希奇《けき》の法（七祖三七〇頁）」が説かれるにちがいないと直感したのです。王宮で説かれる法こそ、地獄の苦しみより十六倍もの苦に悩んでいる自分たち諸天にとって、もっともふさわしいみ法が説かれる徴候である。佛陀釈尊よりも早く王宮へ飛んで行って、ご説法なさる御座を、前もって天華で荘厳しながら待つことにしようとしたのではないのでしょうか。「このチャンスをのがしたら、もはやわれら天にとって助かる道は永久に来ることはないのだ」という危機意識を持っているのが諸天たちだったのです。

ですから「厭苦縁」での『**釈・梵・護世の諸天**』の飛来から、「耆闍会」の「流通分」の『**無量の諸天および竜・夜叉**』まで、つまり佛陀釈尊の説法の始めから最後まで聴聞したのが、これらの『**無量の諸天**』たちだったのです。もちろん「厭苦縁」のところでは『**竜・夜叉**』の名は出ていないのですけれども、これらも『**護世の諸天**』、つまり佛法守護の天であることは、もはや申してきたところです。

天人の五衰

俗に「有頂天」という言葉がありますように、「天」とは六道のひとつであって、もはや天にまで登りつめた存在です。人間の世界における理想的状態を指す言葉です。しかし迷界であることに変りはないのです。

「天人」にも「天人の五衰」ということがあります。「五衰」とは、①衣服垢穢《いぶくくえ》（衣服が垢《あか》でよごれる）、②頭上華萎《づじょうけい》（頭上の華鬘《はなかずら》が萎《しぼ》んでしまう）、③身体臭穢《しんたいしゅうえ》（身体から臭気を発する）、④腋下汗流《えきげかんる》（腋から汗が流れる）、⑤不楽本座《ふらくほんざ》（自分の居る所が楽しめない）、この五つです。興味ぶかいのは第五番目の「不楽本座」です。

人間としては理想的な状況にある天という世界が楽しめないのだと。夢にまでみた理想の世界が、いざ現実のものになってしまうと楽しめない気分になってしまうのだというのです。これぞ、わが理想だと目標をたてて、粉々辛苦、ひとつぶ一粒、コツコツと苦心に苦心を重ねて、やっと完成した理想も、それを掌中にしたとたん色あせてしまって、残ったものは失望と退屈のみ、現在する理想が喜べないということでしょう。

源信さまの『往生要集』によれば、③の身体臭穢は、「両目数々眴《まじろ》く＝両の眼しばしば眴く（またたく）」になっており、⑤の不楽本座は「不楽本居」となっています（七祖八三七〜八三八頁）。そして「不楽本居」の「不楽」を「たのしまず」と読まずに「ねがわず」と読んであります。

「楽」を「たのしむ」と読むか「ねがう」と読むか、そちらも「不」が付いているのですから「本座」も「本居」も、天の世界と読むのが当然の読み方と思われます。

まず、その天の世界、努力に努力を重ねてきた世界が掌に入ったとたん楽しめない、楽しいはずだと想ってきたのだが、期待はずれだったのでしょう。あるのは空虚と退屈と云いかえていいのかも知れません。天の世界こそ、ずっと願い求めてきた世界だった。その世界を手中にして、なんでこんな世界を願ってきたのか、自分が願ってきたのはこんな世界ではなかったというのが「不楽本座」であり「不楽本居」なのであります。

菊池寛の小説にも、そんなのがありました。書物の名すら忘れてしまっているのですが、話の内容は、おじいさんの死にぎわに、おばあさんが云うのです。「極楽では私の坐る場所をとっておいて下さいね」と。何年か経って、おばあさんも死ぬのですが、極楽でおじいさんを探すのです。蓮の花の上に坐っているおじいさんを見つけたおばあさんは、おじいさんが取ってくれていた隣りの蓮の花の上に坐るのです。花が咲きみだれ、心地よい風が吹いている、鳥はさえづり気分は満点、眼の前には山海の珍味のごちそうが処せましと並んでいます。極楽って想像したより何百倍も結構な世界だと、おばあさんは大いに満足して隣りのおじいさんを見ると何とも不機嫌な顔をしているのです。おばあさんは、「なんでそんな仏頂面《ぶっちょうづら》をしているのですか」とたずねるのですが返事もしないのです。娑婆ではやさしかったおじいさんが、極楽では気むずかしい顔をしているのです。まま よ、とおばあさんは眼の前のごちそうを喰べはじめました。百味の飲食以上のおいしさに、おばあさんはとっても喜びました。おじいさんの不機嫌さがおばあさんにはわかりません。一日二日は、おおよろこびだったおばあさんも、一週間がたち一と月もたつうちに、だんだん不機嫌な顔になってきました。眼の前のごちそうも春のような雰囲気も、まったく変りませんが、おばあさんの顔はおじいさんの顔と変らぬ仏頂面《ぶっちょうづら》になってきたのです。一年もたたぬうちにおばあさんの顔は、寸分ちがわないおじいさんの顔になってしまいました。

しかし、二人が坐っている蓮の花の池の、ずっと奥ふかくにある地獄の底での阿鼻叫喚《あびきょうかん》のようすや何度も殺される地獄の責苦を見たり聞いたりするときだけは、トロンとした眼を急に輝かせ、耳をそばだてて緊張した様子をするのでした、という作品です。

これが、まさに「天」という世界なのでしょう。『正法念経』という経典には、「天の苦悩は、地獄の苦悩の十六倍にも達するのである（七祖八三九頁・意）」といわれています。逆にいえば、地獄の苦も天の苦にくらべたら十六分の一にしかならないといわれるのです。

海の音

もはや何回も引用してきましたが、再度引用したい二つの俳句があります。それは二十世紀を生きた山口誓子《せいし》の句と、江戸時代の中期といってもよい池西言水《ごんすい》の句です。彼は松尾芭蕉より六歳若い俳人でした。

山口誓子《せいし》の句は、

海に出て凩《こがらし》かへるところなし

というものであり、言水《ごんすい》の句は

凩の果はありけり海の音

という俳句であります。

まず、誓子の句でありますが、寒くて強い凩は陸地では猛威をふるっていました。家屋を崩壊させ森林を根こそぎにし電線を寸断し、人々を溺死させ、むかうところ敵なし、あたるを幸い、すべて地上にあるものを打ちまかしながら、遂に目指す海へと出たのです。凩にとって海は縦横無尽に荒れくるうことができる世界、自由で理想の世界に見えたのです。

これは私の勝手な解釈にすぎないのですが、まさに凩は近・現代の人類を象徴するものと思うのです。

しかし「海に出て」みた凩にとって、海はあてどもなく広漠としていて、凩がどんなに吹き荒れてみても、一時は波涛がたつことはあっても、また平らな海に復するだけ。どれほど凩が自分の力を誇示しようとしても、海はあてどなく広く、果《は》てもなく、だからといって今さら荒れはててしまった陸地という過去へ逆もどりすることには自分自身がゆるせないのです。凩は遂に自分自身の存在価値すら見出すことができなくなってしまったのです。一言すれば、凩自身をも否定しつくしてしまう結果となってしまったのです。

たしかに凩は悪しき既成の価値体系の神話を否定するかぎりにおいては、能動的な変革を可能にするものではありえたのでありましょう。しかしながら「海に出て」凩自身「かえるところ」を失ってしまった結果は、低気圧となって消えさってしまうか、さもなくば、いっさいの価値観を認めないという暴風となって、再び陸地へ逆上陸し動機なき破壊をくりかえす暴挙となるのです。一九三〇年代から四〇年代における第二次世界大戦は、その結果といってよいでしょう。日独伊三国は、神州日本、ファシズム、ナチズムなる疑似宗教を仮構し、それへの献身によって人生の意味を創出したといって過言ではないと考えます。国家や革命が仮構された神として登場し、すざましい組織的な破壊力となって一億人の命をうばってしまったのは、行方を失った凩の故であったのです。

それから半世紀をすぎて二十一世紀を迎えた途端の二〇〇一年九月十一日、アメリカのニューヨークのツインビル爆破によって五千人を越す犠牲者がでるという痛ましい事件がおこりました。これとて突然におきた事件ではなく、ユダヤ教のイスラエルとイスラム教のパレスチナを中心とするアラブ諸国家群との数度にわたる中東戦争が背景にあってのツインビル爆破事件でありました。二〇〇四年の現在、アメリカは国連の充分な同意を得ないままイラク戦争は未だその混迷の度を深めるばかりで人命は失われつつあるのです。

話題が散らかっていますので、誓子の俳句にもどしますが、彼の俳句はたしか昭和十年代の末に作られたものだと記憶していますので、イラク戦争にまで話しをひろげるのは如何かとは思いますものの、私自身かならずしも拡大解釈とは思えないのです。みなさんの意見を聞きたいと思います。

まあ、俳句はそれを読むものの想像にまかせるのが、その妙味というものです。かならずしも見当ちがいだとは思えません。

もはや万能選手とも申してよい人類は、近現代における『**無量**《むりょう》**の諸天**《しょてん》**および竜**《りゅう》**・夜叉**《やしゃ》（註釈版一一七頁）』と云ってよいのではないか。万事が思いどおりになる計算だったのに、現実は意に反して、人類の苦悩・世界の不安に、国の内外を問わず、救済の目処《めど》は全く建ってはいないのが現代のいつわらざる世界状況だと。そこまで拡げて、この誓子の句は読むことができるのではないか。すくなくとも、この句から学ぶのは救いのない人類の現実です。近い将来における人間の滅亡です。

　この誓子の句に対比して、さきほど紹介しました池西言水《ごんすい》の句です。

　凩の果はありけり海の音

でした。この一句で、その名を不動のものとし「凩

の言水」の異名をとった句です。亡くなるときも弟子等に、これを辞世の句とするように言いのこしたといわれるほどの句です（『池西言水の研究』宇城由文著、一一頁）。「海の音」に言水は何を聞いたのでありましょうか。昭和の時代を生きた誓子には、世の喧騒のゆえか、海の音までかき消されて誓子の耳にはとどかなかったのかも知れません。どちらにしても「凩」が吹いている状況が想定されての句ですから、海鳴りは聞こえたはずであります。もしかしたら両者とも机の上で作られた句であったかも知れません。しかし、たとえそうであったにしろ、この二つの句には「凩」と「海」が句の中に置かれているのは同じです。にもかかわらず、江戸時代を生きた言水にとっては「海の音」であり、海鳴りが聞こえたのですが、昭和を生きた誓子には「海の音」より「凩かへるところなし」というほうが、より鮮明な印象を与えたのでありましょう。

二人が生きた時代を比較すれば、誓子はまさに「天」の生活といっても言いすぎではないと思われます。すくなくとも文明という生活の快適さ・便利さにおいてはです。しかし言水には「果はありけり海の音」があったのにくらべ、誓子には「凩かへるところなし」ですから、文化の豊かさから申せば言水に軍配をあげたくなるのです。

なぜなら人間は人生の無意味には耐えられない存在だからです。言水には「凩」という人生の中にあって、「海の音」にその意味を見出したのではないか、「凩の果はありけり」というのですから。それに対して誓子の句には人生の意味を見出すことは不可能であるように思われてなりません。誓子にとって「海」は不条理にそこにあるだけだったのです。

親鸞さまの著作のなかには「海」という文字が数多く出てまいります。多く二種の意味に使われていまして、ひとつは如来の功徳を讃える意味で使われています。例をあげますと、「徳海」「功徳宝海」「光明の広海」「願海」「本願一乗海」「本願海」「利他の信海」「大誓願海」「大心海」「功徳の宝海」「大信心海」などです。ふたつは、われら衆生のすがたを海にたとえたもので、「難度海」「群生海」「愚痴海」

「無明海」「煩悩海」「生死海」「愛欲の広海」「苦海」その他であります。

親鸞さまのいただかれた信心は「海」のそれであったと申していいほど、これらのほかにもたくさんあります。学びました「三心釈」の第二「深心釈」の「法の深信」と「機の深信」を海に具象化されたものと申してよいでしょう。親鸞さまは流罪で日本海を、関東で太平洋を凝視されたことでありましょう。

実は今年になって知ったのですが、この誓子の句は、敗戦もちかい『特攻隊のことを思って作ったことを知りました。片道だけの燃料で敵艦に体当りをして再び帰ることのなかった若者達の心境を思うと胸が痛みます。忘れられない悲しい時代の句です（「現代俳句」二〇〇五年三月号・二九頁・青木青嵐）』とありました。

とんでもない想像をしたものだと思うのですが、先ほども云いましたように、俳句は作った人の思いを離れて、読む人の思いにまかせるものですから、山口誓子も池西言水も許してくださるでしょう。これだから俳句は面白いのだと思うのです。

ついでに申しておきますが、三心釈といっても三つの心がバラバラにあるのではないと思います。

至誠心は真実心でありますから、その心はわれらに罪悪感を呼びおこし、それは深心では機の深信となる。回向発願心は生あるもの例外なく、われらに老病死する現実から「西へ向いて行かんと欲する」無常感を喚び越し、それは深心では法の深信となるわけで、結局は三心は機・法の二種の深信におさまるのです。図示すれば、このようになりましょう。

至誠心 → 罪悪感 → 機の深信

深　心

法の深信 ← 無常感 ← 回向発願心

二河譬の三定死

ここで私は「三心釈」の「回向発願心」のところで出てまいります有名な「二河の譬《たとえ》」のなかにある「三定死《さんじょうし》」を憶い出すのです。

道を求めて一人の行者が「西《にし》に向《む》かひて百千の里《り》を行《ゆ》かんと欲《ほっ》するがごとし（七祖四六六～四七〇頁）」「忽然《こつねん》として中路《ちゅうろ》（途中）に二つの河《かわ》あるを見《み》る。一にはこれ火《ひ》の河《かわ》、南《みなみ》にあり、二にはこれ水《みず》の河《かわ》、北《きた》にあり。二河おのおの闊《ひろ》さ（河幅）百歩《ひゃくぶ》、おのおの深《ふか》くして底《そこ》なし。南北辺《なんぼくほとり》（際限）なし。まさしく水火《すいか》の中間《ちゅうげん》に一つの白道《びゃくどう》あり。闊《ひろ》（道幅）さ四・五寸《すん》ばかりなるべし。この道東《みちひがし》の岸《きし》より西《にし》の岸《きし》に至《いた》るに、また長《なが》さ百歩《ぶ》、その水《みず》の波浪交《はろうまじ》はり過《す》ぎて道《みち》を湿《うるお》し、その火《か》炎《えん》また来《き》たりて道《みち》を焼《や》く。水火《すいか》あひ交《まじ》はりて、つねにして休息《くそく》することなし（七祖・同頁）」と。

有名な「二河譬」の始まりです。続けて、

「この人《ひと》、すでに空昿《くうこう》のはるかなる処《ところ》（何もなくて、どこまでも広がっている処）に至《いた》るに、さらに人物《にんもつ》なし。多《おお》くの群賊《ぐぞく》・悪獣《あくじゅう》ありて、この人《ひと》の単独《たんどく》なるを見《み》て、競《きそ》ひ来《き》たりて殺《ころ》さんと欲《ほっ》す。この人《ひと》死《し》を怖《おそ》れてただちに走《はし》りて西《にし》に向《むか》ふに、忽然《こつねん》としてこの大河《たいが》を見《み》て、すなはち念言《ねんごん》す（七祖四六六〜四六七頁）」と。

思わず、ひとりごとを言ったのでしょう。

「〝この河《かわ》は南北《なんぼく》に辺畔《へんぱん》（際限）を見《み》ず。中間《ちゅうげん》に一の白道《びゃくどう》を見《み》るも、きはめてこれ狭小《きょうしょう》（せまい）なり。二の岸《きし》、あい去《さ》ること近《ちか》しといへども、なにによりてか行《い》くべき。今日《こんにち》、さだめて死《し》すること疑《うたが》はず〟（七祖四六七頁）」と。進退きわまったというわけです。群賊・悪獣は必ずしも山賊や猛獣と考えることはいりません。道を求めて歩みだした以前の友人や親族・親兄弟でいいのです。

次が「三定死」です。

「〝まさしく到《いた》り回《かえ》らんと欲《ほっ》すれば、群賊《ぐぞく》・悪獣《あくじゅう》漸々《ぜんぜん》（次第に）に来《き》たり逼《せ》む。まさしく南北《なんぼく》に避《さ》り走《はし》らんと欲《ほっ》すれば、悪獣《あくじゅう》・毒虫《どくちゅう》競《きそ》ひ来《きた》りてわれに向《むか》ふ。まさしく西《にし》に向《むか》ひて道《みち》を尋《たず》ねて去《ゆ》かんと欲《ほっ》すれば、またおそらくはこの水火《すいか》の二河《が》に随《だ》せん〟と（七祖四六七頁）」

まだ続くのですが、ここらで切ります。

第一に西へ行くのをやめて、もとの東へと到り回れば「漸々《ぜんぜん》に来《き》たり逼《せ》」められても、命はまぬがれるでしょうが求道心は死んでしまうのです。そして世俗の歓楽に溺れてしまうのでしょう。

第二に「南北に避け走」れば、「悪獣・毒虫、競ひ来たりてわれに向」っては来るが、みんなから捨てられ、孤独と虚無に苛《さいな》まされる人生を送ることになってしまうでしょう。

第三に、西にむかって細い道を渡ろうとすれば水に溺れるか、火に焼かれるか死はまぬがれない。以上の三つを「三定死」というのです。

ここで問題にしたいのは、第二番の死であります。第一の求道心をやめて、世俗の生活にもどって群賊悪獣の仲間に入り日々の歓楽に身をゆだねれば、事《こと》は無事にすむわけです。愉快に楽しく適当に、日々を送ればいいではないかという人生観に身心をゆだねて行く道もあるわけです。悲惨なのは第二の死です。

第一番の死のように、日々の歓楽に身をゆだねることもできず、自随落な人生態度も身につかず、さりとて第三の細い道を渡ろうとする決断もできず、また酔生夢死の放縦な第一の人生観に身心をゆだねることもできないままに、内心は忸怩《じくじ》たる思いになりつつも、外面は第一のような生活に流されてゆく。あまり適当な例ではありませんが、小説を例にとれば、第一の生きかたはカミュの『異邦人』のムルソーであり、第二の生きかたは漱石の『門』の宗助でありましょうか。また太宰治の『人間失格』の葉蔵でもありましょうか。

私は山口誓子の俳句に、漱石の『門』の宗助を思い出し、太宰の『人間失格』の葉蔵を重ねてしまうのです。また漱石の『行人』にも。

えらく、まわりくどくなってしまったのですが、「厭苦縁」の『**釈《しゃく》・梵《ぼん》・護世《ごせ》の諸天《しょてん》**（註釈版九〇頁）』から最後の「耆闍分」の流通分に至るまで『**無量《むりょう》の諸天《しょてん》**

および竜《りゅう》・夜叉《やしゃ》（註釈版一一七頁）』が、熱心に『**佛《ぶつ》の所説《しょせつ》を聞《き》きて、みな大《おお》きに歓《かん》喜《ぎ》し、佛《ぶつ》を礼《らい》して退《しりぞ》きぬ**（註釈版・同頁）』で結ばれる観無量寿経の経言に深い感動を覚えるものであります。

あえて極論すれば、当機衆であった韋提希を否定はいたしませんが、無量の諸天もまたかくれた当機衆であったのだと思います。

そして、更に付言すれば、これらの無量の諸天こそ、現代を生きるわれらではないでしょうか。これで佛説観無量寿経の講述を終ることにいたします。

観経を結ぶにあたって

この群萌学舎で観無量寿経を学びはじめましたのが、一九九一年の十月から今日までちょうど十三年間になります。一年に二回の割りで一泊二日の学習を続けてまいりました。途中、病気のため二回ほど休んだことがありましたが、ふりかえって我れながらよくぞ続いたものだと思っています。初回、六十四歳であった私も七十七歳になりました。

七十歳ころからだったでしょうか、記憶力の急速な減退に、すっかり自信をなくしてしまい、途中何度おことわりしようと思ったか、わかりません。博多のご門徒からも「おことわりなさいよ。未完成でいいではないですか。備後は備後です。福岡を忘れないで」とも云われました。

優柔不断、まごまごしているうちに今回を迎えてしまいました。群萌舎のはげましがあってこそ、終ることができたのです。あつく、あつく御礼申しあげます。

観無量寿経を結ぶにあたって、二・三のことを申しまして完ることにいたします。

まず、第一に観経の経名を善導さまは『佛説無量寿観経一巻（七祖三〇一頁）』と申され、親鸞さまは『佛説無量佛観経（註釈版三七五頁）』と申されていることです。畺良耶舎《きょうりょうやしゃ》はこの観経を漢訳した方ですが、もちろん『佛説観無量寿経』ですね。

この経名については、この講読の第一巻『群萌の一人』の一一頁から一九頁あたりで申しています。広瀬杲師は人生観とか世界観というように佛陀釈尊が無量寿佛観を説かれた経典だから善導・親鸞両師のような経名があるのだと云われています。宮城顗師は善導・親鸞両師の読み方をすれば、無量寿佛を観た経典とは読めないことから、無量寿佛が何かを観た経典であって、その何かとは人間なんだと。云いかえるなら、佛陀釈尊によって無量寿佛の人間観が説かれている経典だと領解されているようであります。私は「観」に注目しまして、「観」は「遇」の意味がありますね。天親菩薩の『願生偈』の「佛《ぶつ》の本願力《ほんがんりき》を観《かん》ずるに、遇《あ》ひて空《むな》しく過《す》ぐる者《もの》無《な》し（七祖三一頁＝観佛本願力、遇無空過者）」の言葉を、親鸞さまは

本願力《ほんがんりき》に遇《あ》ひぬれば
空《むな》しくすぐるひとぞなき
功徳《くどく》の宝海《ほうかい》みちみちて
煩悩《ぼんのう》の濁水《じょくすい》へだてなし（註釈版五八〇頁）

このように和讃されています。「遇」は「信」でもあります。ですから、佛陀釈尊が韋提希の苦悩を縁として、あらためて南無阿弥陀佛に遇われた、もうひとつ突込んで云いますなら、「釈迦もまた宿業の身なり」と確認されたということでしょ。もっと具体的に申せば己れの身の事実、つまり提婆達多と従兄弟であることを、あらためて確認された、そこで佛陀釈尊は韋提希と同じ地平に立たれたわけです。佛陀釈尊もまた韋提希の問《と》いによって、宿業の身であることを確認された。

もちろん、佛陀釈尊は三十五歳、十二月八日に南無阿弥陀佛に出遇いになったわけですけれどもですね。七十歳を越えられて、王舎城の悲劇に出遇われることによって、あらためて南無阿弥陀佛に出遇われる、言葉を変えれば、あらためて無量寿佛に出遇われるという、更に無量寿佛を観るという、そこに佛説観無量寿経という畺良《きょうりょう》耶舎《やしゃ》が経名を訳した意味があると思います。

親鸞さまがそうだったじゃないですか。二十九歳、法然さまのもとで「雑行を棄てて本願に帰す（註釈版四七二頁）」と明言されていながら、それから五十六年ののち、すなわち「康元二歳（一二五七年）二月九日夜、寅《とら》の時（午前四時ごろ）夢に告げていわく」と前文を添えて、

弥陀《みだ》の本願《ほんがん》信ずべし
本願信《ほんがんしん》ずるひとはみな
摂取不捨《せっしゅふしゃ》の利益《りやく》にて
無上覚《むじょうかく》をばさとるなり（註釈版六〇〇頁）

と和讃されているのです。親鸞さま八十五歳の時の和讃です。その前年、八十四歳のときには、わが子・善鸞を義絶なさるという事件があっていることに、この和讃が生れた原因があるのでありましょう。

王舎城の悲劇に出遇われた佛陀釈尊、善鸞義絶に出遇われた親鸞さま、ともに事件なんですよ。人生は事件に満ち満ちているというより、事件が人生ですから信順《しんじゅん》とひとくちにいっても、事件次第ではいつ壊れてしまうかあぶないもので

す。元《もと》の木阿弥《もくあみ》にならんともかぎらない。いつ疑謗《ぎぼう》という疑《うたが》い謗《そし》る心がおこるか、わかったものではありません。それがわが身の事実というものです。

かつて遠藤周作と三浦朱門とその妻・曽野綾子の鼎談《かなえだん》を読んでいましたら、キリシタン弾圧の話になったとき、三人はみなカトリック教徒です。踏絵を踏まねば極刑にすると強制されたとしたらどうするかという問に、即座に「踏む」と云ったのは遠藤さんでした。曽野さんは「踏まない」と断言しました。三浦さんは三十秒ほど考えてから「踏む」と答えていました。ひとり大笑いしたことです。これは笑い話として聞いてください。それぞれ人柄がでていて面白かったのですが、遠藤さんは彼の作品『沈黙』の中に出てくるキチジローのことを思いだしたにちがいなかったと思ったことです。

キチジローに次のような台詞がありますから。

「踏絵ば踏んだもんには踏んだもんの言い分があっと。踏絵をば俺《おい》が悦んで踏んだとでも思っとっとか。踏んだこの足は痛か。痛かよォ。俺《おい》を弱か者に生れさせておきながら、強か者の真似ばせろとデウスさまは仰せ出される。それは無理無法と言うもんじゃい」

「沈黙」新潮社版一五〇頁

踏絵ふむ蹠の痛み稲光　（成道）

話を元にもどしますと、親鸞さまは『教行信証（註釈版四七三頁）』の終りのところで、「もしこの書《しょ》（教行信証のこと）を見聞《けんもん》せんもの、信順《しんじゅん》を因《いん》とし、疑謗《ぎぼう》を縁《えん》として、信楽《しんぎょう》を願力《がんりき》に彰《あらわ》し、妙果《みょうか》を安養《あんにょう》に顕《あらわ》さんと」と申され、次に道綽さまの『安楽集』と『華厳経』の文を列挙されて『教行信証』を完結されています。

ふりかえって教団の寺の子として生を受けたのも重々無尽の因縁のなすところ、七十七歳の齢を重ねて今日からふりかえってみますと、脇道にそれ続けた遍歴でありましたし、また明日からも脇道にそれつづきの道でありましょう。揺れつづけの信と不信も、「願力」に支えられての信・不信であることは否定できない事実であります。信と不信の振幅も、如来の願力内におけるそれであります。このわが道は螺旋状《らせんじょう》に地獄へと向下《こうげ》して行っていることは確かです。渦巻き状にねじれながら、行く先が妙果など思いもよらぬことであります。その地獄行きが「往生極楽の道」として落在できるのは無有出離之縁の同伴者の大慈悲あるを実感できるからであります・わが友・北田耕也は「あさきゆめみん、あとはおまかせ」という金言を私に送ってくれました。また本日から命果つるまで、「あさきゆめみん」とのこり少い夢をみつづけることでありましょう。まさに「あとはおまかせ」であります。

　十三年間、ふりかえってみればわが生涯における珠玉のごとき十三年でございました。

　ふかく、ふかく感謝申しあげまして、佛説観無量寿経の講読を終らせていただきます。

まず上品上生の位の中につきて、また先づ挙げ次に弁じ後に結す。即ちその十二あり。

十一門	上・上	経文	疏文
1	総じて佛の告命を明す	（一）佛、阿難及び韋提希に告げたまはく、	総じて告命を明かす。
2	位の弁定	（二）「上品上生というは	その位を弁定す。これ即ち大乗の上善を修学する凡夫人なり。
3	総じて有縁の類を挙ぐ	（三）若し衆生ありて彼の国に生ぜんと願ずる者は三種の心を発して即便往生す。	正しく総じて有生の類を挙ぐ。四あり。一に能信の人。二に往生を求願す。三に発心の多少。四に得生の益を明かす。
4	三心を弁定してもって正因となす	（四）何等をか三とする。一には至誠心、二には深心、三には回向発願心なり。三心を具する者は必ず彼の国に生ず。	正しく三心を弁定してもって正因となす。二あり。一に世尊機に随いて益を顕し給う事、意密にして知り難《がた》し。佛、自ら問い自ら徴《あらわ》し給うにあらずば解《げ》するに由《よし》なし。二に釈尊、還《かえ》り自ら前の三心の数を答えたもう。（三心釈は省略）
5	機の堪と不堪とを簡ふ	（五）復、三種の衆生有り。当に往生を得べし。	以下は正しく機のよく法を挙《う》け、教によりて修行するに堪《た》えたるを簡《えら》ぶ。
6	受法の不同を明かす	（六）何等をか三とする。①一には慈にして殺さず、諸の戒行を具う。②二には大乗方等経典を読誦す。③三には六念を修業し、	一に慈心不殺。然るに殺業に多種あり。（略）二に読誦大乗。（略）三に修行六念。所謂《いわゆる》仏・法・僧を念じ、戒・捨・天等を念ず。（略）
7	所修の行を回	（七）回向発願して彼の国に生ぜんと願ず。	正しく各々前の所修の業を回して所求の処に向かうことを明す。

No.1

	して願生		
8	修業の延促を明かす	(八)此の功徳を具すこと一日乃至七日に即ち往生を得。	正しく修行の時節の延促《えんそく》を明かす。(跨節《こせつ》の義)
9	命終の時の聖来たりて迎接したまう不同と去時の遅疾を明かす	(九)①彼の国に生ずる時、②この人精進勇猛なる故に③阿弥陀如来④観世音・大勢至・無数の化佛・百千の比丘・声聞大衆・無数の諸天⑤七宝宮殿と与《とも》にし⑥観世音菩薩、金剛台を執《と》り大勢至菩薩と行者の前に至る。⑦阿弥陀佛、大光明を放ち行者の身を照し⑧諸《もろもろ》の菩薩と授手迎接す。⑨観世音・大勢至・無数の菩薩と行者を讃嘆し其の心を勧進す。⑩行者見已《おわ》りて歓喜踊して自ら其の身を見れば金剛台《うてな》に乗ぜり。佛の後に随従して弾指の頃《あいだ》の如くに彼の国に往生す。	①所帰の国を標定す。②重ねて其の行を顕し決定精勤者を指し出し、亦功徳の強弱《ごうにゃく》を校量《きょうりょう》す。③弥陀、身自ら来赴《らいふ》す。④諸菩薩・大衆等みな弥陀に従い来迎す。⑤宝宮殿も従う。⑥重ねて二菩薩、金剛台を執りて行者の前に至る。⑦弥陀光を放ちて行者の身を照らす。⑧化佛等、同時に手を接す。⑨金剛台に昇《のぼ》らしめて二菩薩同声に行者の心を讃勧す。⑩自ら見れば行者金台に乗じ佛に従う。⑪正しく去時の遅疾を明す。
10	開華の遅疾	(十)彼の国に生じ已《おわ》りて、	(十)以下は正しく金台かしこに到りて更に華合の障《さわり》なきを明《あか》す。
11	開華後の得益の異なるを明す	(十一)佛の色身の衆相具足せるを見、諸の菩薩の色相具足せるを見る。光明の宝林、妙法を演説す。聞き已《おわ》りて即ち無生法忍を悟《さと》る。須臾の頃を経て諸佛に歴事《りゃくじ》し、十方界に遍じて、諸佛の前において次第に授記せらる。本国に還り到りて無量百千の陀羅尼門を得。	正しく金台に到りて後の得益の不同を明す。①はじめて妙法を聞きて即ち無生を悟る。②須臾に歴事して次第に授記せらる。③本国・他方にしてさらに聞持の二益を証す。
	結語	(十二)これを上品上生の者と名づく。	総じて結す。上来十二句の不同ありといえども、広く上品上生の義を解しをはりぬ。 ㊟ 最上段の1～11は「十一門」。漢数字は経の段をあらわし、下段の①～⑪等は疏文で項をあらわしている。

次に上品中生の位のなかにつきて、また先づ挙げ、次に弁じ、後に結す。即ちその八あり。

十一門	上・中	経文	疏文
1	仏の告命	なし（省略）	なし（省略）
2	総じて位の名を挙ぐ	（一）「上品中生というは	上品中生より以下は、総じて位の名を挙ぐ。即ちこれ大乗次善の凡夫人なり。
6 7 8	第六門受法の不同 第七門行を回して願生 第八門修行の延促を明す	（二）①かならずしも方等経典を受持し読誦せざれども②善く義趣を解《さと》り第一義に於て心、驚動せず③因果を深信し大乗を謗《そし》らず。④この功徳をもって回向して極楽国に生ぜんと願求す。	まさしく第六・第七・第八門の中の所修の業を回して、西方を定め指すことを明かす。即ちその四あり。 ①受法不定にして或いは読誦を得、読誦を得ざることあり。 ②よく大乗の空の義を解《げ》す。諸法は一切空にして生死・無為もまた空なり。（略）六道・三賢・十聖等、もしその体性に望むれば畢竟じて不二なりと聴聞す。（略） ③苦楽二種の因果を信じ（略）道理に疑謗を生せず。これ行福の第二（深信因果）第三（読誦大乗）＝聖典九二頁に合す。 ④前の所業を回して所帰を標指することを明かす。
9	第九門命終の時の聖来たりて迎接の不同	（三）この行を行ずる者、①命終らんとするとき②阿弥陀佛は観世音・大勢至・無量の大衆と眷属に囲繞せられ、③紫金の台《うてな》を持たしめて行者の前に至る。④讃じていはく〈法子、汝大乗を行じ第一義を解《さと》る⑤故に我いま来りて汝を迎接す〉と。 （四）①千の化佛と一時に授手す。②行者、自ら見れば紫金台に坐せり。③合掌叉手し諸佛を	正しく弥陀、諸の聖衆と台を持して来迎したまうを明かす。①行者の命延久しからず②弥陀・衆、自ら来り給う。③持者、台を持して行者の前に至る。④佛、聖衆と同声に讃嘆して〔行者の〕本所修の業を述べ給うことを明かす。⑤佛、行者の疑をいだくことを恐れ給うが故に「我、来りて汝を迎う」とのべたもうことを明かす。 正しく第九門の衆聖の授手と去時の遅疾を明す。即ち五あり。

No.2

		讃歎す。④一念の頃《あいだ》の如くに即ち⑤彼の国の七宝池中に生ず。	①弥陀、千の化佛と同時に授手し給うを明かす ②授手を蒙《こうむ》りて即ち自ら身を見れば既に身、紫金台に坐す。 ③既に自ら台に坐すを見て合掌に弥陀等の衆を讃ず。 ④正しく去事の遅疾を明かす ⑤彼の国に到りて宝池に止住することを明かす。
10	第十門開華の遅疾を明かす	（五）この紫金の台は大宝華のごとし。宿を経て則ち開く。行者の身は紫磨金色になれり。足の下にまた七宝の蓮華あり。	正しく第十門のなかの、彼国に到りて華開くる時節の不同を明かす。行、強きによるがゆえに上・上は即ち金剛台を得。行劣なるがゆえに上・中は即ち紫金台を得。〔浄土に〕生じて宝池にありて宿を経て開くるがごとし。
11	第十一門開華の後の得益の異なるを明かす	（六）①佛および菩薩、倶時《ぐじ》に光明を放ちて行者の身を照らしたまうに②目即ち明けて明らかなり。③前に宿習によりて、あまねく諸の声を聞くに、もっぱら甚深の第一義諦を説く。〔浄土の〕④即ち金台より下りて、佛を礼し合掌して世尊を讃歎す。⑤七日を経て、時に応じて即ち阿耨多羅三藐三菩提において不退転を得。	正しく十一門の中の第十一門の華開以後の得益の不同を明す。即ちその五あり。 ①佛光、身を照らすことを明かす。 ②行者すでに体を照すことを蒙りて、目即ち開明なり。 ③人中にして習へるところ、かしこに到りて衆声の彰すところとなり、またその法を聞くことを明かす。 ④すでに眼開けて法を聞くことを得て、即ち金台より下り親しく佛辺に到りて、歌揚して徳を讃ずることを明かす。 ⑤時を経ること七日にして即ち無生を得。一念須臾の頃《あいだ》なり。
		（七）①時に応じて即ちよく飛行して②遍く十方に至り諸佛に歴事す。③諸佛の所にして諸の三昧を修す。④一小劫を経て無生忍を得、⑤現前に授記せらる。	正しく他方の得益を明す。即ちその五あり。 ①身十方に至ることを明かす。 ②一々に諸佛を歴供することを明かす。 ③多くの三昧を修することを明かす。 ④延時に得忍を明かす。 ⑤一々の佛辺にして現に授記を蒙ることを明かす。
	結語	（八）これを上品中生の者と名づく」と。	総じて結す。上来八句の不同ありといえども、広く上品中生を解《げ》し竟《お》んぬ。※第三・四・五門は上・中以下省略してある。

次に上品下生の位のなかにつきて、また先づ挙げ、次に弁じ、後に結す。即ちその八あり。

十一門	上・下	経文	疏文
1	仏の告命	なし（省略）	なし（省略）
2	総じて位の名を挙ぐ	（一）「上品下生というは	上品下生者より以下は、総じて位の名を挙《あ》ぐ。即ちこれ大乗下善の凡夫人なり
6	第六門受法の不同を明かす	（二）①亦《また》、因果を信じ、②大乗を誹《そし》らず③ただ無上道心を発す（発菩提心）	まさしく第六門の中の、受法の不同を明かす。即ちその三あり。 ①所信の因果の不定なることを明かす。或いは信じ信ぜず。故に名づけて「亦《また》」となす。或いは上・中の深信に同じかるべし。また信ずとも深からず。善心数々《しばしば》退し悪法数々起る。深信ざるによりてなり。もし生死の苦を深信すれば重ねて犯さず。 ②信、間断すとも一切の大乗を疑謗せず。疑謗を起さば、千佛、身を繞《めぐ》り給うとも救うべきに由《よし》なし。 ③以上の諸善また功なきに似《に》たり。唯《ただ》一念を発《おこ》して苦を厭《いと》い諸佛の境界に生じ速《すみや》に菩薩の願行を満《み》てて、生死に還り入りて遍《あまね》く衆生を度《ど》せんと楽う。故に発菩提心（聖九二頁）と名づく。
8	第八門回向願生	（三）この功徳をもって回向して極楽国に生ぜんと願求《がんぐ》す。	まさしく第八門（所修の行を回して弥陀国に生ぜんと願ず＝七祖四五三頁）の中の前の正行を回して所求の処に向かうを明す。
9	第九門聖の来迎と去	（四）①行者命終らんとする時に②阿弥陀佛③および観世音・大勢至は、諸《もろもろ》の眷属とともに金《こがね》の蓮華を持たしめて五百の化佛を化作《けさ》して	まさしく第九門の中の聖来りて迎接したもうと去時の遅疾とを明かす。即ちその九あり。 ①命延久しからず。②阿弥陀佛の来迎③化佛、聖聚と金華

No.3

	門	本文	解説
	時の遅疾を明かす	この人を来迎す。④五百の化佛は、一時に手を授けて讃《ほ》めてのたまわく⑤〈法子、汝いま清浄にして無上道心を発《おこ》せり。⑥われ来たりて汝を迎う〉と。⑦この事を見るとき即ち自《みずか》ら身を見れば、金の蓮華に坐す。坐し已《おわ》れば華合《はながっ》す。⑧世尊の後《しりえ》に随《したが》いて⑨即ち七宝の池の中に往生することを得《う》。	を持して来迎す。④聖聚、同声して等しく讃ず。⑤行者の罪滅するが故に「清浄」といい、〔行者の〕本所修《ほんしょしゅ》を述ぶるが故に「発無上道心」ということを明かす。⑥行者、霊儀《りょうぎ》（聖の来迎）を観《み》ると雖《いえど》も疑心ありて往生を得ざることを恐る。この故に聖聚同声に告げて「われ来《きた》りて汝を迎う」ということを明かす。⑦すでに告げを蒙《こうむ》り、及び即ち自身を見るに、すでに金華の上に坐して、籠々《ろうろう》として合す。⑧佛身の後に随いて、一念に即ち生す。⑨彼処《かしこ》に到りて宝池の中にあり
10	第十門	（五）一日一夜にして蓮華、乃ち開き、	まさしく第十門の彼処《かしこ》に到りて華開の時節の不同を明かす。
11	第十一門 華開以後の得益を明かす	（六）七日の中に乃ち佛を見たてまつることを得。佛身を見たてまつると雖ども諸の相好において心明了ならず。三七日の中において乃ち了了に見たてまつる。諸の音声を聞くに皆妙法を演《の》ぶ。	まさしく第十一門の中の、華開以後の得益の不同を明かす。
		（七）十方に遊歴して諸佛を供養す。諸佛の前《みまえ》にして甚深の法を開く。三小劫を経て百法明門を得、歓喜地に住す。	まさしく他方の得益を明かす。また後益《ごやく》（極楽以外の世界で得る利益）と名づく。
	結語	（八）これを上品下生のものと名づく。これを上輩生想と名づけ、第十四の観と名づく」と。	総じて結す。上来八句の不同ありといえども、広く上品下生を解《げ》しおわりぬ。 ※第三・四・五門は省略してある。 ※籠《ろう》＝包《つつ》み囲《こ》まれる、ひそむ、おこもり。 籠々＝花中に含《ふく》まれるさま

十一門	中・上	中輩観の行善（の中）中品上生の位の中、先づ挙げ、弁じ、結す。即ちその八あり。 経文	疏文
1	仏の告命	（一）仏、阿難及び韋提希に告給わく	総じて告命を明す。
2	総じて位の名を挙ぐ	（二）「中品上生というは	中品上生者よりは、まさしくその位を弁定す。即ちこれ小乗根性の上善の凡夫人なり。
5	第五門機の堪と不堪をえらぶ。	（三）①もし衆生ありて②五戒を受持し、八戒斎を持《たも》ち、諸戒を修行して③五逆を造らず、④諸の過患《かげん》なからん。	まさしく第五（機の堪と不堪を簡ぶ）第六（受法の不同）門の中の受法の不同を明かす。即ちその四あり。 ① 機の堪と不堪とを簡《えら》ぶことを明かす。 ② 小乗の斎戒等を受持することを明かす。 ③ 小戒の力、微にして五逆の罪を消さざることを明かす。 ④ 小戒等を持ちて犯すことあることを得ずと雖《いえど》も、もし余愆《よけん》あらば、恒《つね》に須《すべ》らく改悔《かいげ》して必ず清浄ならしむべきことを明す。 これ即ち上の第二の戒善の福（聖典九二頁）に合《がっ》す。しかるに修戒の時は或いは終身、或いは一年・一月・一日・一夜・一時等なり。この時また不定なり。大意はみな畢命《ひつみょう》を期となして毀犯《きぼん》することを得ず。
6	第六門受法の不同。		
7	第七門修業の延促		
8	所修の業を回して願求す。	（四）この善根をもって回向して西方極楽世界に生ぜんと願求す。	まさしく第八門の中の、所修の業を回して所求の処に向かうことを明かす。
9	第九門命終の時、聖、	（五）①命終るときに臨みて、②阿弥陀佛は諸の比丘・眷属のために囲繞《いにょう》せられて③金色の光を放ちて、その人の所に至る。④苦・空・無常・	まさしく第九門の中の、終時に聖来りて迎接したまう不同と去時の遅疾とを明かす。即ちその六あり。 ① 命延久しからざることを明かす。

No.4

	来りて迎接の不同を明かす。 去時の遅疾を明かす。	無我を演説し、出家の衆苦を離るることを得ることを讃歎す。⑤行者、見已《おわ》りて心大きに歓喜す。自ら己身を見れば、蓮華の台に坐せり。長跪合掌して佛のために礼をなす。⑥いまだ頭《こうべ》を挙げざる頃《あいだ》に、即ち極楽世界に往生することを得て、	② 弥陀、比丘衆と来りて、菩薩あることなきを明かす。これ小乗の根性なるによりて、また小根の衆を感ぜり。 ③ 仏、金光を放ちて行者の身を照らし給うことを明かす。 ④ 仏、ために法を説き、また出家は多衆の苦、種々の俗縁・家業・王官・長征・遠防等を離るることを讃ずることを明かす。「汝いま出家して四輩に仰がれ、万事憂《うれ》えず。廻然《ぎょうねん》として自在にして去住障りなし。これが為に道業を修することを得」と。故に『衆苦を離る』と讃ず。 ⑤ 行者既《すで》に見聞し已《おわ》りて欣喜し、即ち自身を見れば已《すで》に華台に坐し頭《こうべ》を低《た》れて佛を礼することを明かす。 ⑥ 行者、頭を挙《あ》げ已《おわ》れば彼の国にあることを明かす。
10	第十門 華開の不同	(六) 蓮華、尋《すなは》ち開く。	まさしく第十門のなかの彼処《かしこ》に到りて華開の不同を明す。
11	第十一門 華開後の得益の異なるを明かす	(七) 華の敷《ひら》くる時に当りて、諸の音声を聞くに四諦を讃歎す。時に応じて即ち阿羅漢道を得。三明・六通ありて八解脱を具す。	まさしく第十一門の華開後の得益の不同を明す。三あり ① 宝華、尋《たちま》ち開くことを明かす。これ戒行精強なるによるが故なり。 ② 法音、同じく四諦の徳を讃ずることを明かす。 ③ 彼処に到りて四諦を説くを聞きて即ち羅漢の果を獲《う》。『羅漢』というは無生といい無着という。因亡《いんもう》ずるが故に無生なり。果喪《そう》ずるが故に無着なり。『三明』というは、宿命明《しゅくみょうみょう》・天眼《てんげん》明・漏尽《ろじん》明なり。『八解脱』というは内有色外観色は一の解脱なり。無色外観は二、不浄相は三、四空と滅尽と総じて八を成ず。
	結語	(八) 是れを中品上生のものと名づく」と。	『是名』より以下は総じて結す。上来八句の不同ありといえども、広く中品上生を解し竟《おわ》んぬ。

次に中品中生の位のなかにつきて、また先づ挙《あ》げ、次に弁じ、後に結す。即ちその七あり、

十一門	中・中	経文	疏文
1	仏の告命	なし（省略）	なし（省略）
2	位を弁足す	（一）「①中品中生というは	中品中生者よりは総じて行の名を挙げてその位を弁定す。即ちこれ小乗下善の凡夫人なり。
5 6 7	機の堪と不堪を簡ぶ 受法の不同 修業の延促	（二）もし衆生ありて①もしは一日一夜に八戒斎を受持し②もしは一日一夜に沙弥戒を持《たも》ち③もしは一日一夜に具足戒を持ちて、威儀欠くることなし。	まさしく第五・六・七門の中の簡機（機の堪と不堪とを簡《えら》ぶ・受法の不同を明かす・修業の延促の異を明す・）。即ちその三あり。①八戒斎を受持す。②沙弥戒を受持す。③具足戒を受持す。この三品の戒はみな同じく一日一夜なり。清浄にして犯すことなく即ち軽罪に至るまでも極重の過《とが》を犯すが如くし、三業の威儀に失あらしめず。これ即ち上の第二の福（聖典九二頁）に合す。まさに知るべし。
8	浄土に生ぜんと願ず	（三）この功徳をもって回向して極楽国に生ぜんと願求す。	まさしく所修の行を回して、弥陀国に生ぜんと願ずることを明かす。
9	聖の来迎と去時の遅疾	（四）戒香の薫習せる、かくのごときの行者は①命終らんとするとき、②阿弥陀佛の諸の眷属とともに金色の光を放ち③七宝の蓮華を持《も》たしめて④行者の前に至り給ふを見る。⑤行者みづから聞けば、空中に声ありて讃じていはく⑥〈善男子、汝がごときは善人なり。三世の諸佛の教に随順するが故に、われ来りて汝を迎う〉と。⑦行者みづから見れば、蓮華の上に坐せり。蓮華、即ち合し、⑧西方極楽世界に生じて宝池の	まさしく第九門の中の、行者の終時に聖来りて迎したまうと去時の遅疾とを明かす。即ちその七あり。 ①命延久しからざることを明かす。 ②弥陀、諸の比丘衆と来たりたまうことを明かす。 ③佛、金光を放ちて行者の身を照らしたまうことを明かす。 ④比丘、華を持して来現することを明かす。 ⑤行者みづから空の声等の讃を見聞することを明かす。 ⑥佛讃じて「汝、深く佛語を信じ、随順して疑うことなし。

	10	11	
	華開の不同	得益	結語
なかにあり。	（五）七日を経て蓮華、乃ち敷く。	（六）①華すでに敷《ひら》け已《おわ》りて目を開き②合掌して世尊を讃歎したてまつり③法を聞きて歓喜し、須陀洹《しゅだおん》を得、④半劫を経おわりて阿羅漢と成る。	（七）これを中品中生のものと名づく」と。
故に来りて汝を迎う」とのたまうことを明かす。 ⑦すでに佛讃を蒙りて即ち見るに、自ら華座に坐す。坐し已れば、華合することを明かす。 ⑧華すでに合し已りて、即ち西方宝池の中に入ることを明かす。	まさしく第十門の中の彼処《かしこ》に到りて華開くる時節の不同を明かす。	まさしく第十一門の華開以後の得益の不同を明かす。即ちその四あり ①華開けて佛を見たてまつることを明かす。 ②合掌して佛を讃ずることを明かす。 ③法を開きて初果（預流果）を得ることを明かす。 ④半劫を経おわりて、まさに羅漢となることを明かす。	（七）『是名』より以下は総じて結す。上来七句の不同ありといえども、広く中品中生を解し竟んぬ。

次に中品下生の位のなかにつきて、また先づ挙げ、次に弁じ、後に結す。即ちその七あり。

十一門	中・下	経文	疏文
1	佛の告命	なし（省略）	なし（省略）
2	位の弁定	（一）「中品下生というは	中品下生より以下は、まさしく総じて行の名を挙げて、その位を弁定することを明かす。即ちこれ世善上福の凡夫人なり。
5 6	機の堪と不堪受法の不同	（二）①もし善男子・善女人ありて、②父母に孝養し、③④世の仁慈を行ぜん。	まさしく第五・六門の中の簡機・受法の不同を明かす。即ちその四あり。 ① 簡機を明かす。 ② 父母に孝養し、六親に奉順することを明かす。即ち上の世福（聖典九二頁）の第一「孝養父母」第二「奉事師長」の句合す。 ③ この人、性調《ととの》おり、柔善にして自他を簡ばず。物の苦に遭えるみて慈敬を起すことを明かす。 ④ この品の人、かつて佛法を見聞せず、悕《げ》求《ぐ》することを解《さと》らず、ただ自ら孝養を行ずることを明かす。知るべし。
8	臨終に仏法に遇い世福を転じて往生の因とす、	（三）この人命終らんとするとき、善知識の、それがために広く阿弥陀佛の国土の楽事を説き、また法蔵比丘の四十八願を説くに遇わん。	まさしく第八門の中の、臨終に佛法に遇逢《あ》う時節の分斉《ぶんざい》を明かす。 ⊙第八門は所修の行を回して願生す。 ※分斉＝区分
9	去事の	（四）この事を聞き已りて、尋即《すなわ》ち命終る。た	まさしく第九門の中の得生の益と去時の遅疾とを明かす。

No.6

	遅疾と得益	とえば壮士の臂《ひじ》を屈伸する頃《あひだ》の如くに即ち西方極楽世界に生ず。	
10	華開の不同	（五）生じて七日を経て、	「生じて」よりは、まさしく第十門の中の彼処に到りて華の開と不開とを異となすことを明かす。
11	得益の不同	（六）①観世音および大勢至に遇いて ②法を聞きて歓喜し、 ③一小劫を経て阿羅漢と成る。	まさしく第十一門の中の、華開以後の得益の不同を明かす。その三あり。 ①時を経て以後、観世音・大勢至に遇いたてまつることを得ることを明かす。 ②すでに二聖に逢いたてまつりて妙法を聞くことを明かす。 ③一小劫を経て以後、はじめて羅漢を悟ることを明かす。
	結語	（七）これを中品下生のものと名づく。これを中輩生想と名づけ、第十五の観と名づく」と。	

<table>
<tr><th>十一門</th><th>下・上</th><th colspan="2">次に下品上生の位の中につきて、また先づ挙げ、次に弁じ後に結す。即ちその九あり。</th></tr>
<tr><th></th><th></th><th>経文</th><th>疏文</th></tr>
<tr><td>1</td><td>佛の告命</td><td>（一）佛、阿難及び韋提希に告げ給わく</td><td>以下は、まさしく告命を明かす。</td></tr>
<tr><td>2</td><td>位の弁定</td><td>（二）「下品上生というは</td><td>まさしくその位を弁定することを明かす。即ちこれ十悪を造る軽罪の凡夫人なり</td></tr>
<tr><td>5</td><td>機の堪と不堪をえらぶ</td><td rowspan="2">（三）①あるいは衆生ありて②諸の悪業を作らん。③方等経典を誹謗せずといえども、④かくのごとき愚人、⑤多く衆悪を造りて慚愧あることなけん</td><td rowspan="2">まさしく第五門の中の箇機に一生以来の造悪の軽重の相を挙することを明かす。即ちその五あり。
① 総じて造悪の機を挙ぐ。
② 衆悪を造作することを明かす。
③ 衆罪を作ると雖《いえ》ども諸の大乗を生ぜず。
④ 重ねて造悪の人を牒《てっ》して（示す）智者の類《たぐい》にあらず。
⑤ これらの愚人衆罪を造ると雖ども総じて愧《き》心《しん》を生せず。</td></tr>
<tr><td>6</td><td>苦楽の二法を受くる不同を明かす</td></tr>
<tr><td>7</td><td>修業の時節に延促異なるを明かす</td><td rowspan="2">（四）①命終らんとするとき、②善知識、③ために大乗十二部経の首題名字を讃ずるに遇わん。④かくのごときの諸経の名を聞くをもっての故に千劫の極重の悪業を除却す。⑤智者、復、教えて合掌・叉手して南無阿弥陀佛と称せしむ。⑥佛名を称するが故に五十億劫の生死の罪を除く。</td><td rowspan="2">まさしく造悪の人等、臨終に善に遇いて法を聞くことを明かす。即ちその六あり。
① 命延、久しからざることを明かす。
② 忽《たちま》ちに往生の善知識に遇うことを明かす。
③ 善人、ために衆経を讃ずることを明かす。
④ すでに経を聞く功力、罪を除くこと千劫なることを明かす。
⑤ 智者、教を転じて、弥陀の号《みな》を称念せしむることを明かす。
⑥ 弥陀の名を称するをもっての故に罪を除くこと五百万劫なることを明かす。
（問）除罪の千劫と五百万劫の差別の由縁いかん？（意）</td></tr>
<tr><td>8</td><td>所修の行を回して祈求の処に向う</td></tr>
</table>

No.7

			（答）この人、障《さわ》り重く死苦迫るところ、多経説けども受法の心、浮散す。故に除罪やや軽し。佛名は専《もっぱら》一なれば散を摂《おさ》めて心を住《とど》む。名を正念に称すが故に心重く除罪多劫なり（意）
9	臨終の時　聖、来りて迎　接の不同と、去時の遅疾を明かす	（五）①爾時《そのとき》、かの佛、即ち化佛・化観世音・化大勢至を遣わして行者の前に至らしめ、②〔化佛等の〕讃めていわく、③〈善男子、汝、佛名を称するが故に、諸の罪消滅す。我れ来りて汝を迎ふ〉と。④この語をなし已《おわ》りて、行者即ち化佛の光明のその室に遍満せるを見たてまつる。⑤見已りて歓喜して即便《すなわ》ち命終る。⑥宝蓮華に乗じ、化佛の後《しりえ》に随いて宝池の中に生ず。	まさしく第九門の中の終時の化衆の来迎と去時の遅疾。六あり。①まさしく名を称する時、弥陀、化衆を遣《つかわ》して声に応じて来現したまう。②化衆すでに身《み》を現じて即ち同じく行人を讃ず。③所聞の化讃、ただ称名の功を述べ「我来りて汝を迎う」とのべ聞経の事を論ぜず。佛の願意は正念の称名をすすむ。往生の疾《と》きこと雑散《ぞうさん》の業に不同なり。この経《きょう》の如く広く歎じ称名を勧む。正に要益となす。知るべし。④既に化衆の告を蒙《こうむ》り、即ち光明室に遍すを見る。⑤既に光照を蒙り報命尋ち終る。⑥華に乗じ佛に随い宝池の中に生ず。
10	華開の遅疾	（六）七七日を経て蓮華、乃ち敷《ひら》く。	正に第十門の中の彼処に到り華開《はなひら》くる遅疾の不同を明かす。
11	華開以後の得益の異なることあることを明　かす。	（七）①華の敷くる時に当りて②大悲の観世音菩薩及び大勢至、③大光明を放ちてその人の前に住して、ために甚深の十二部を説く。④聞き已りて信解して無上道心を発す。⑤十小劫を経て百法明門を具し初地に入ることを得。	正に第十一門の中の華開後の得益に異《こと》なることあるを明かす。即ち五あり。①観音等まず神光を放つ。②身、行者の宝華の側《ほとり》に赴《おもむ》く。③ために前生所聞の教を説く。④行者、聞き已りて領解し発心す。⑤多劫を経て百法の位に証臨《しょうりん》することを明かす。
	結語	（八）これを下品上生のものと名づく。	総じて結す。
	重ねて益を挙ぐ	（九）佛名法名を聞き及び僧名を聞くことを得。三宝の名を聞きて即ち往生を得」と。	重ねて行者の益を挙ぐ。ただ念佛のみ独り往生を得るにあらず。法・僧通念するもまた去《ゆ》くを得。上来九句の不同ありと雖ども、広く下品上生を解し已わりぬ。

十一門	下・中	経文	疏文
		次に下品中生の位の中につきて、また先づ挙げ、次に弁じ、後に結す。即ちその七あり	
1	佛の告命	(一) 佛、阿難および韋提希に告げたまわく	以下は総じて告命を明かす。
2	位の弁定	(二)「下品中生というは	まさしくその位を弁定することを明かす。即ちこれ破戒次罪の凡夫人なり。
5	機の堪と不堪とを明かす。	(三) ①あるいは衆生ありて②五戒八戒及び具足戒を毀犯せん。③かくの如きの愚人は、僧祇物を偸《ぬす》み、現前僧物を盗み④不浄説法して⑤慚愧あることなく⑥諸の悪業をもって自ら荘厳す。⑦かくの如きの罪人は悪業をもっての故に地獄に堕すべし。	まさしく第五・第六門の中の簡機と造業とを明かす。即ちその七あり。 ① 総じて造悪の機を挙ぐることを明かす。 ② 多く諸戒を犯すことを明かす。 ③ 僧物を偸盗することを明かす。 ④ 邪命説法を明かす。 ⑤ 総じて愧心なきことを明かす。 ⑥ 衆罪を兼ね造り、内には心に悪を発し、外には即ち身口に悪をなすことを明かす。すでに自身不善なれば、また見るものみな憎む。故に「諸の悪心をもって自ら荘厳す」という。 ⑦ この罪状を験《あきら》むるに定めて地獄に入るべきことを明かす。
6	苦楽の二法を受くる不同を明かす。		
9	臨終の時聖、来りて迎接する不同。地獄の	(四) ①命終らんとする時②地獄の衆火、一時にともに至る。③善知識の大慈悲をもって、④ために阿弥陀佛の十力威徳を説き、広くかの佛の光明神力を説き、亦、戒・定・慧・解脱・解脱知見を讃ずるに遇わん。⑤この人、聞き已りて八十億劫の生死の罪を除く。⑥地獄の猛火、化して清涼の風となり、諸の天華を吹く。⑦華の	まさしく第九門の中の終時の善悪来迎することを明かす。即ちその九あり。 ① 罪人の命延久しからざることを明かす。 ② 獄火来現することを明かす。 ③ 火現ずる時、善知識に遇うことを明かす。 ④ 善人、ために弥陀の功徳を説くことを明かす。 ⑤ 罪人すでに弥陀の名号を聞きて即ち罪を除くこと多劫

No.8

	衆火と善知識と。善悪の来迎。	上にみな化佛・菩薩ましまして⑧この人を迎接す。⑨一念の頃のごとくに、	なることを明かす。⑥すでに罪滅を蒙りて、火変じて風となることを明かす。⑦天華風に随いて来応して目の前に羅列《られつ》することを明かす。⑧化衆来迎することを明かす。⑨去時の遅疾を明かす。
10	華開の不同	（五）即ち往生を得。七宝の池の中の蓮華のうちにして六劫を経て、	まさしく第十門の中の、彼処に到りて華開くる時節の不同を明かす。
11	華開以後の得益の異なるを明かす	（六）①蓮華、乃ち敷けん。華の敷くるときに当りて観世音・大勢至、梵音声をもって彼の人を安慰し、②ために大乗甚深の経典を説きたまう。③この法を聞き已りて、時に応じて即ち無上道心を発す。	まさしく第十一門の中の華開以後の得益に異なることあることを明かす。即ちその三あり。①華すでに開けおわりて、観音等梵声をもって安慰することを明かす。②ために甚深の妙典を説くことを明かす。③行者、領解し発心（菩提心）することを明かす。
	結語	（七）これを下品中生のものと名づく」と。	総じて結す。上来七句の不同ありといえども、広く下品中生を解し竟りぬ。

十一門	下・下	経文	疏文
		次の下品下生の位につきて、まず挙げ、次に弁じ、後に結す。即ちその七あり。	
1	佛の告命	(一)佛、阿難および韋提希に告げたまわく	以下は、総じて告命を明かす。
2	位の弁定	(二)「下品下生というは	まさしくその位を弁定することを明かす。即ちこれ具《つぶ》さに五逆等を造れる重罪の凡夫人なり。
5	機の堪と不堪の不同	(三)①あるいは衆生ありて②不善業たる五逆・十悪を作り③諸の不善を具せん。④かくの如きの愚人⑤悪業をもっての故に悪道に堕し、⑥多劫を経歴して⑦苦を受くること窮まりなかるべし。	まさしく第五・第六門の中の簡機と造悪の軽重の相を明かす。即ちその七あり。①造悪の機を明かす。②総じて不善の名を挙ぐ。③罪の軽重を簡ぶ。④総じて衆悪を結して智人の業にあらず。⑤悪業を造る事《こと》多ければ罪また軽からず。⑥業、その報を受け、因、その果を受く。因業これ楽にあらず、果報、焉《いつくん》ぞ能《よ》く苦ならざらんや。⑦造悪の因すでに具して酬《しゅう》報《ほう》の劫いまだ窮《きわ》まらざることを明かす。 ※次に抑止門あれど省略
6	苦楽の二法を受く		
7	修行の時節の延促の異	(四)①かくの如きの愚人②命終らんとする時に臨みて③善知識の④種々に安慰して、ために妙法を説き、⑤教えて念佛せしむるに遇わん。⑥この人苦に逼《せ》められて念佛するに遑《いとま》あらず。善友、告げていわく〈汝、もし念ずるあたわずは当に無量寿佛を称すべし〉と。⑦かくの如く心をして声をして絶えざらしめて、十念を具足して南無阿弥陀佛を称せしむ。⑧佛名を称するが故に、念々の中において八十億劫の生死の罪を除く。⑨命終るとき金蓮華を見るに、なお日輪の如くしてその人の前に住せん。⑩一念の頃《あいだ》の如くに即ち極楽世界に往生することを得。	まさしく法を聞き佛を念じて現益を蒙ることを明す。即ち十あり。①重ねて造悪の人を牒《てっ》することを明かす。②命延久しからざることを明かす。③臨終に善知識に遇うことをを明かす。④善人安慰して教えて佛を念ぜしむることを明かす。⑤罪人死苦来り逼《せ》めて、佛名を念ずるに由《よし》なきを明かす。⑥善友苦しみて失念すと知り教を転じて名号を口称を進む。⑦念数の多少、声々間《ひま》なきことを明かす。⑧罪を除くこと多劫なることを明かす。⑨臨終正念にして即ち金華来応することあるを明かす。
8	所修の行を回して所求の処に　向う。		
9			
10	臨終の時聖来		

		10	11	
	りて迎接と去時の不同	華開の遅疾の不同	華開以後の得益	結語
		（五）蓮華の中にして十二大劫を満てて、蓮華まさに開く。	（六）①観世音、大悲の音声をもつて、それがために広く諸法実相②罪を除滅するの法を説く。③聞き已りて歓喜し、時に応じて即ち菩提の心を発さん。	（七）これを下品下生のものと名づく。これを下輩生想と名づけ、第十六の観と名づく」と。
	⑩去時の遅疾、ただちに所帰の国に到ることを明かす。	まさしく第十門の彼処に到りて華開くる遅疾の不同を明かす。	まさしく第十一門の中の、華開以後の得益に異なることあることを明かす。即ちその三あり。 ①二聖、ために甚深の妙法の宣《の》べたもうことを明かす。 ②罪を除きて歓喜することを明かす。 ③後に勝心（菩提心）を発するとを明かす。	総じて結す。上来七句の不同ありといえども広く下品下生を解し竟りぬ。

『仏説観無量寿経』科文

『註釈版』頁

（尚、頁は『浄土真宗聖典（註釈版）』によっています）

編集後記

群萌叢書、第二十三巻『佛名の称持』をお届けいたします。引き続きのご購読ありがとうございます。講読の会も、一九九一年十月に始まって以来、十五年の歳月を経て、二〇〇五年四月、『観無量寿経』の講読を終了することができました。

一九九二年に第一巻を刊行してから、最終巻・二十三巻を発行するまでに二十八年がかかりました。円日先生には早くに原稿を頂きながら、ご存命の内に全巻発行できなかったこと、誠に申し訳なく思っています。「遅くなりましたが、やっと全巻発刊させて頂くことができました」とご報告させて頂くことができました。

読者の皆様にも大変お待たせし申し訳ありませんでした。

全巻を発行するまで今日まで長きにわたり、出版を快く引き受けていただきました永田文昌堂さまには深く感謝申し上げます。また最終巻も、表紙とカットを折口浩三さまにお願いいたしました。ありがとうございました。

（群萌学舎出版事務局）

「群萌学舎」

◇名　称　・群萌学舎（ぐんもうがくしゃ）
◇目　的　・親鸞聖人の教えに学び、現代社会のかかえている諸問題を考える。
◇活　動　・継続的に聖典を講読していく。（年、数回の講読会をもつ）
　　　　　　・一月下旬　・六月〜七月
　　　　　・講義の内容を冊子にする。
　　　　　・その他
◇会　員　・趣旨に賛同くださる方。
◇会　費　・維持会員　年間会費　二五、〇〇〇円（年二回の講読料、本各二冊）
　　　　　・講読の会は随時参加。
◇会　場　・備後教区内の会員のお寺、または適当な会場。
◇会の運営　・世話人と事務局で運営。会計は年一回報告。
◇世話人　季平恵海・不二川公勝・高橋了融・奥村宏道・田坂英俊・季平博昭・小武正教
◇事務局　〒七二二-〇二一五　広島県尾道市美ノ郷町三成五〇〇　法光寺内
　　　　　（☎〇八四八-四八-〇〇二四／FAX四八-三七二四）
◇出版事務局　〒七二八-〇〇〇三　広島県三次市東河内町二三七　西善寺内（☎／FAX〇八二四六-三-八〇四二）

「群萌学舎」講読の会の歩み

（講師）円日成道師　（内容）『観無量寿経』講読

第１回	1991年10月８～９日	明覚寺（広島県双三郡吉舎町）	『群萌の一人』
第２回	1992年６月２～３日	慶照寺（府中市出口町）	『昔日の因縁』
第３回	1992年10月５～６日	法光寺（尾道市美ノ郷町）	『浄邦の縁熟』
第４回	1993年６月１～２日	MGユースホステル（広島県甲奴郡上下町）	『浄業の機彰』
第５回	1993年10月19～20日	福泉坊（福山市駅家町）	『光台の現国』
第６回	1994年６月１～２日	西善寺（三次市東河内町）	『如来の微笑』
第７回	1994年10月４～５日	本願寺備後会館（福山市東町）	『不遠の弥陀』
第８回	1995年６月１～２日	照善坊（三次市糸井町）	『父母の孝養』
第９回	1995年10月12～13日	慶照寺（府中市出口町）	『浄業の正因』
第10回	1996年６月４～５日	明覚寺（広島県双三郡吉舎町）	『仏語の宣説』
第11回	1996年９月26～27日	法光寺（尾道市美ノ郷町）	『無生の法忍』
第12回	1997年６月５～６日	光永寺（広島県双三郡三和町）	『日没の諦観』
第13回	1998年１月26～27日	本願寺備後会館（福山市東町）	『観地の説法』
第14回	1998年７月15～16日	本願寺備後会館（福山市東町）	『七重の行樹』
第15回	1999年１月25～26日	本願寺備後会館（福山市東町）	『願力の所成』
第16回	1999年９月27～28日	本願寺備後会館（福山市東町）	『仏像の心想』
第17回	2000年１月24～25日	本願寺備後会館（福山市東町）	『念仏の衆生』
第18回	2001年１月22～23日	松乃屋旅館（福山市東町）	『菩薩の妙用』
第19回	2001年７月２～３日	松乃屋旅館（福山市東町）	『神通の如意』
第20回	2002年１月21～22日	松乃屋旅館（福山市東町）	『経言の三心』
第21回	2002年７月４～５日	松乃屋旅館（福山市東町）	『中輩の機類』
第22回	2003年７月９～10日	本願寺備後会館（福山市東町）	『下輩の機類』
第23回	2004年４月12～13日	ウェルサンピア福山（福山市）	『佛名の称持』
第24回	2004年10月４～５日	本願寺備後会館（福山市東町）	
第25回	2005年４月４～５日	本願寺備後会館（福山市東町）	

著者紹介

円日 成道（まどか　じょうどう）

1927年　生まれる

1954年　浄土真宗本願寺派　光円寺（福岡教区福岡組）住職

1999年　退職

著書『娑婆に生きて』（教育新潮社）

『いのちにそむきて』（探究社）

『終わりなき世に立ちて』（教育新潮社）

『三つの髻』（本願寺出版社）

『わたしの立っている所から－自心に建立せよ－』

（備後・靖国問題を考える念仏者の会）

『観無量寿経講読Ⅰ～XXII』（永田文昌堂）

住所　福岡市中央区天神3丁目12－3

佛名の称持　観無量寿経講読XXIII

2020年2月20日発行

著者　**円　日　成　道**

発行者　**永　田　　悟**

発行所　**「群萌学舎」出版事務局**

〒728-0003　三次市東河内町237　西善寺内

電話　08246-3-8042

「群萌学舎」事務局

〒722-0215　尾道市美ノ郷町三成500　法光寺内

電話　0848-48-0024

永田文昌堂

〒600-8342　京都市下京区花屋町通西洞院西入

電話　075-371-6651

振替　01020-4-936

印刷　尾道 田中凸版印刷　　ISBN978-4-8162-5523-6 C1015